ORÉSTIA

Agamêmnon
Coéforas
Eumênides

A TRAGÉDIA GREGA

vol. 1	SÓFOCLES	*A Trilogia Tebana* Édipo Rei, Édipo em Colono, Antígona
vol. 2	ÉSQUILO	*Oréstia* Agamêmnon, Coéforas, Eumênides
vol. 3	EURÍPIDES	Medeia, Hipólito, As Troianas
vol. 4	ÉSQUILO SÓFOCLES EURÍPIDES	Os Persas Electra Hécuba
vol. 5	EURÍPIDES	Ifigênia em Áulis, As Fenícias, As Bacantes
vol. 6	ÉSQUILO SÓFOCLES EURÍPIDES	Prometeu Acorrentado Ájax Alceste

A COMÉDIA GREGA

vol. 1	ARISTÓFANES	As Nuvens, Só para Mulheres, Um Deus Chamado Dinheiro
vol. 2	ARISTÓFANES	As Vespas, As Aves, As Rãs
vol. 3	ARISTÓFANES	A Greve do Sexo, A Revolução das Mulheres

ÉSQUILO

ORÉSTIA

Agamêmnon

(Prêmio Artur de Azevedo – 1965
da Academia Brasileira de Letras)

Coéforas

Eumênides

Tradução do grego, introdução e notas de
MÁRIO DA GAMA KURY

8ª edição

ZAHAR

Jorge Zahar Editor Ltda.
rua Marquês de S. Vicente 99 – 1º | 22451-041 Rio de Janeiro, RJ
tel (21) 2529-4750 | fax (21) 2529-4787
editora@zahar.com.br | www.zahar.com.br

Edições anteriores: 1990, 1996, 1998, 1999, 2000, 2003, 2006

Grafia atualizada respeitando o novo
Acordo Ortográfico da Língua Portuguesa

Capa: Sérgio Campante
Composição: TopTextos Edições Gráficas

CIP-Brasil. Catalogação na fonte
Sindicato Nacional dos Editores de Livros, RJ

E81o
8.ed.

Ésquilo
Oréstia: Agamêmnon, Coéforas, Eumênides / Ésquilo; tradução do grego, introdução e notas de Mário da Gama Kury. — 8.ed. — Rio de Janeiro: Zahar, 2010.
(A tragédia grega; v.2)

"Agamêmnon: (Prêmio Artur de Azevedo – 1965 da Academia Brasileira de Letras)"
Inclui bibliografia
ISBN 978-85-7110-180-7

1. Teatro grego (Tragédia). I. Kury, Mário da Gama. II. Título. III. Título: Agamêmnon. IV. Título: Coéforas. V. Título: Eumênides. VI. Série.

10-2797

CDD: 882
CDU: 821.14'02-2

Sumário

INTRODUÇÃO

O AUTOR E A OBRA

Ésquilo, o mais antigo dos três grandes dramaturgos gregos e criador da tragédia em sua forma definitiva, nasceu em Elêusis, nas proximidades de Atenas, em 525 ou 524 a.C.; combateu nas batalhas de Maratona e Salamina contra os invasores persas de sua pátria, e morreu no ano de 456 a.C.[1]

Além da *Oréstia*, trilogia constituída pelo *Agamêmnon*, pelas *Coéforas* ("Portadoras de Oferendas") e pelas *Eumênides* ("Deusas Benévolas"), representada pela primeira vez no ano de 458 a.C., em Atenas, Ésquilo escreveu outras 87 peças, das quais nos restam completas as *Suplicantes*, encenadas em data incerta (provavelmente entre 499 e 472); os *Persas*, representados em 472 a.C.; os *Sete Chefes contra Tebas* (em 467 a.C.); e o *Prometeu Acorrentado* (data incerta, provavelmente próxima à data da *Oréstia*). Das 83 peças perdidas conservam-se apenas os nomes e fragmentos de 73.

Das três peças que constituem a *Oréstia*, aqui apresentadas em tradução, indiscutivelmente *Agamêmnon* é a melhor. É bem representativo do entusiasmo que esta peça sempre despertou o conhecido julgamento de Goethe, para quem *Agamêmnon* é a "obra-prima das obras-primas" (carta a W. Humboldt de 1º de setembro de 1816; volume XXVI da *Sophienausgabe*, página 156).

A admiração pela *Oréstia* não é menor em nossos dias. Por exemplo, a prestigiosa publicação inglesa *The Economist*, no número datado de 23 de dezembro de 1989 (página 14), ao fazer uma resenha dos fatos mais notáveis da história mundial desde a Antiguidade até nossos dias, começa pelo chamado "Século de Péricles" (século V a.C.), mencionando como evento marcante na evolução da humanidade a primeira representação em Atenas (em 458 a.C.) da *Oréstia* de Ésquilo.

O *Agamêmnon*, primeira peça da trilogia, baseia-se num episódio da lenda em torno dos Atridas,[2] família a que pertencia o comandante dos gregos na Guerra de Troia. Segundo essa lenda, cujas linhas gerais é conveniente conhecer para entender com maior facilidade as frequentes referências ao passado próximo e remoto dos personagens da peça, Pêlops, o herói epônimo do Peloponeso, filho de Tântalo, viera da Lídia, na Ásia Menor, até Élis, na Grécia, como pretendente à mão de Hipodâmia, filha de Enomau, rei de Pisa. Lá ele conseguiu fraudulentamente atingir o seu objetivo, com a cooperação de Mírtilo, servo de Enomau. Malgrado esse serviço, Pêlops causou traiçoeiramente a morte de Mírtilo que, ao expirar, lançou contra o assassino uma terrível maldição, cujos efeitos deveriam propagar-se a toda a raça de Pêlops, depois deste se tornar o senhor da península que deveria perpetuar o seu nome — o Peloponeso.

Desde a primeira geração se manifestou a potência funesta da maldição. Entre Atreu e Tiestes, filhos de Pêlops, travou-se uma disputa pelo trono de Micenas. Tiestes seduziu a mulher de Atreu, e ajudado pela esposa infiel (Aerope), roubou um carneiro de lã de ouro, que deveria assegurar a seu possuidor o trono cobiçado por ambos. Atreu, protegido por Zeus, foi proclamado rei apesar disso. Para vingar-se da perfídia de Tiestes, expulsou-o de Argos; mais tarde, em seguida a uma reconciliação simulada que ocultava seus desígnios criminosos, fê-lo comer, valendo-se de um ardil monstruoso, as carnes de seus três filhos (o filho sobrevivente chamava-se Egisto). As imprecações de Tiestes nessa ocasião vieram agravar a maldição hereditária, que continuou a atuar sobre a raça de Pêlops.

Na geração seguinte, Agamêmnon, filho de Atreu, seria a sua vítima principal. Comandante supremo da expedição dos gregos contra Troia, Agamêmnon quis vingar em Páris o ultraje infligido a seu irmão Menelau com o rapto de Helena. Mas, para aplacar Ártemis, que se opunha à partida da frota grega, viu-se forçado a imolar Ifigênia, sua própria filha, e por isso provocou o rancor de sua mulher, Clitemnestra. Durante a ausência do marido na guerra, sua mulher o traiu e se entregou a Egisto, filho de Tiestes, que sobreviveu ao trágico banquete, ansioso por vingar seu pai na pessoa de Agamêmnon, filho de Atreu. Clitemnestra e Egisto tramaram a morte do chefe grego, e quando este retornou à pátria, após a queda de Troia, foi covardemente assassinado pela esposa adúltera e por seu cúmplice. Esse crime atrairia nova vingança: para que se esgotasse o efeito da maldição originária, seria ainda necessário que Orestes, filho de Agamêmnon, matasse não somente Egisto, mas também a própria mãe — Clitemnestra.

Os rudimentos dessa lenda já eram conhecidos por Homero (*Odisseia*, III, 304; IV, 519-537; XVI, 409-420 etc.). O próprio Ésquilo, aliás, teria dito que suas tragédias eram meras migalhas do banquete homérico (segundo Atênaios, *Deipnosofistas*, 357, vol. IV, página 75 da edição de Gulick).

Os antecedentes e o argumento da tragédia propriamente dita são os seguintes: quando Helena fugiu com Páris para Troia, seu marido Menelau e Agamêmnon, irmão dele, trataram de vingar-se do ultraje infligido aos dois filhos de Atreu e reis do Peloponeso, e ao próprio Zeus, protetor da hospitalidade. Diante do palácio real, em Argos, apareceram repentinamente duas águias devorando uma lebre. O adivinho Calcas interpretou o portento como se as aves de rapina fossem os dois reis, e a lebre prenha que se debatia nas garras das águias fosse Troia. Mas Ártemis, amiga dos animais, ficou ressentida, e quando toda a expedição estava reunida em Áulis, ansiosa por partir rumo a Troia em suas milhares de naus, a deusa caçadora fez soprarem ventos adversos que impediram por longo tempo a partida dos gregos. Então o adivinho, em palavras obscuras, disse a Agamêmnon que se quisesse apaziguar a deusa e livrar a frota da calmaria teria de sacrificar com as próprias mãos sua filha Ifigênia. Assim foi feito e os gregos iniciaram a expedição em suas naus. Após uma guerra de dez anos, Troia foi finalmente capturada. Em sua solidão e porque Agamêmnon havia sacrificado Ifigênia, sua filha, Clitemnestra deixou-se levar pelas lisonjas de outro homem — Egisto —, filho do mesmo Tiestes que havia conquistado a mulher de Atreu, seu irmão. Clitemnestra, que tramava com Egisto a morte do esposo ausente, ordenou que se organizasse um sistema de vigia, partindo do alto do palácio, em Argos, para que, por uma sucessão de fogueiras a serem acesas em um longo percurso desde Troia, ela soubesse antecipadamente da queda da cidade de Príamo e, por conseguinte, da iminência do retorno de Agamêmnon. Durante muito tempo os vigias ficaram atentos, até que finalmente, em certa noite do décimo ano após a partida do chefe grego, a chama sinaleira apareceu no horizonte e foi vista pela sentinela postada no terraço do palácio de Argos.

Nesse ponto começa o *Agamêmnon*. Para celebrar o acontecimento, a rainha manda queimar incenso e levar oferendas aos altares dos deuses. Os anciãos componentes do coro, que haviam permanecido em Argos por causa da idade avançada, não creem de imediato na notícia, recebida de forma tão insólita e rápida, e sua dúvida só é desfeita com a aparição do arauto, que apregoa a volta de Agamêmnon vitorioso, recém-chegado a Argos na única nau que escapara de uma tempestade no meio do caminho. Recebido com alegria simulada pela rainha, Agamêmnon pede acolhida cordial para Cassandra, filha de Príamo, que lhe coubera como presa de guerra. Diante da insistência de Clitemnestra, o rei consente em caminhar sobre tapeçarias suntuosas até o palácio. Cassandra, que fora dotada por Apolo do dom da profecia, procura convencer os anciãos do perigo a que se expunha Agamêmnon e, consciente da morte que também a esperava, entra no palácio. Ouvem-se os gritos de Agamêmnon ferido mortalmente; os cadáveres dele e de Cassandra são vistos em seguida no vestíbulo do palácio. Clitemnestra exulta com seu feito e desafia os anciãos. Aparece Egisto e declara que Agamêmnon morreu para pagar os crimes de Atreu, pai dele. Os anciãos, na iminência de entrar em combate com os soldados da escolta de Egisto, são contidos por Clitemnestra, mas antes advertem o usurpador de que Orestes, filho de Agamêmnon, então no exílio, regressaria para vingar a morte do pai.

A segunda peça da trilogia intitula-se *Coéforas*.

Electra, filha de Agamêmnon e de Clitemnestra, morava no palácio real mas era tratada como escrava, e antes do assassínio do pai, mandou seu irmão

Orestes para a corte de seu tio Estrófio, rei da distante Focis, com o objetivo de ser criado lá.

Anos mais tarde a alma de Agamêmnon, cheia de rancor, mandou um sonho para alarmar Clitemnestra. Pareceu à rainha em sua visão noturna que ela dera à luz uma víbora, e esta amamentava-se no seio dela como se fosse um recém-nascido; ao leite materno juntava-se sangue em abundância. Clitemnestra despertou transtornada, aos gritos. Consultado por ela, um adivinho do palácio interpretou o sonho como um sinal de ressentimento das divindades infernais. Para aplacá-las, a rainha mandou Electra, juntamente com algumas servas, levar libações à tumba de Agamêmnon, numa tentativa de apaziguar a alma do marido no mundo dos mortos. No mesmo dia em que Clitemnestra mandou Electra levar as libações, Orestes, já adulto, acompanhado por Pílades, seu companheiro inseparável, chegou a Argos ansioso por vingar a morte do pai. Lá, seu primeiro cuidado foi depositar mechas de seus cabelos, como oferenda fúnebre, sobre o túmulo de Agamêmnon. Quando Electra descobriu aquela oferenda, pensou que a mesma só poderia ter sido trazida pelo irmão.

Depois de ser reconhecido pela irmã, Orestes disse que Apolo o incumbira de vingar o assassínio de seu pai, sob pena de ser perseguido implacavelmente pelas Fúrias vingadoras. Sem ser acolhido por qualquer criatura humana e sem poder aproximar-se dos altares dos deuses, ele pereceria depois de sofrer castigos indescritíveis.

Junto ao túmulo do pai, Orestes e Electra, ajudados pelas cativas componentes do coro, imploram a proteção e a ajuda da alma de Agamêmnon à sua causa. Disfarçados em viajantes vindos da Focis, Orestes e Pílades são acolhidos amistosamente por Clitemnestra, depois de lhe dizerem que seu filho tinha morrido no exílio. A rainha manda a velha ama de Orestes buscar Egisto, que estava ausente do palácio juntamente com seu corpo de guardas. As cativas do coro convencem a ama a modificar a mensagem de Clitemnestra, de modo a que Egisto voltasse sozinho, deixando seus guardas longe do palácio. Logo após a chegada de Egisto, ele e Clitemnestra são mortos por Orestes, indiferente às súplicas maternas. Mostrando o manto ensanguentado em que seu pai fora imobilizado antes de ser morto, Orestes ressalta a justiça de seu ato de vingança. Em seguida sua mente começa a perturbar-se. As Fúrias vingadoras de sua mãe, invisíveis às outras pessoas presentes, aparecem diante dos olhos desvairados de Orestes, que se afasta precipitadamente.

A terceira peça da trilogia é as *Eumênides*.

A sacerdotisa de Apolo no templo do deus em Delos encontra Orestes como suplicante junto ao altar. Em frente a ele estavam as Fúrias que, cansadas de perseguir o fugitivo, haviam adormecido nos bancos do templo. Prometendo-lhe ajuda, Apolo manda Orestes fugir para Atenas, onde deveria submeter sua causa a julgamento e seria libertado de seus sofrimentos. O fantasma de

Clitemnestra aparece e censura as Fúrias por sua negligência, conduta essa que a expõe ao desprezo dos outros mortos no inferno. Despertadas pelos apodos de Clitemnestra, elas recriminam Apolo por haver acolhido em seu templo um homem maldito que elas perseguem impelidas por seu direito de vingar os crimes cometidos entre consanguíneos.

A cena desloca-se para Atenas, até onde as Fúrias tinham perseguido Orestes. Abraçando-se à imagem de Atena, Orestes implora a proteção da deusa, alegando que suas mãos já haviam sido purificadas graças aos ritos sagrados, e que sua presença já não trazia malefícios a qualquer pessoa. As Fúrias cantam um hino para dominar o espírito de Orestes com seus encantamentos capazes de o levarem à loucura. Atendendo a uma prece da vítima, Atena aparece e convence as Fúrias a concordarem com o julgamento da causa, não pela deusa sozinha, mas com a colaboração de seis dos mais distinguidos cidadãos de Atenas, que constituiriam um júri.

Iniciado o julgamento, Apolo aparece como defensor de seu suplicante e como representante do próprio Zeus, a cujos mandamentos inapeláveis obedeciam os oráculos do deus-profeta. Apolo declara que Orestes matou sua mãe obedecendo a uma injunção divina. O acusado confessa o crime mas enfatiza em sua defesa que, ao matar o marido e rei, Clitemnestra assassinou o pai de Orestes, e que suas perseguidoras deveriam elas mesmas ter-se vingado dela.

Atena proclama que o tribunal — o primeiro a julgar um crime de homicídio — fica instituído por ela para sempre. Os juízes (jurados) depositam seus votos numa urna, e a deusa, declarando que é seu dever pronunciar o veredicto final na causa, esclarece que seu voto deve ser contado a favor de Orestes, que seria absolvido ainda que os votos se dividissem igualmente. Proclamado vencedor em face de um empate entre os juízes e do voto de desempate de Atena, Orestes sai de cena. Suas antagonistas ameaçam amaldiçoar Atenas e trazer a ruína para a região cujos juízes absolveram o acusado. Mediante promessa de honrarias eternas às Fúrias, Atena consegue apaziguálas, e elas deixam desde então de ser as deusas do ódio para passarem a ser as deusas benévolas (Eumênides). Em sua nova condição, as deusas saem numa procissão solene para o santuário que Atena lhes proporcionou numa gruta no sopé da colina de Ares (o Areópago, que deu o nome ao tribunal).

E assim termina a trilogia.

As desventuras dos Atridas foram um dos temas prediletos dos trágicos gregos, tendo inspirado numerosas peças além das de Ésquilo, passando por Sófocles (cuja *Electra* se baseia, com ligeiras variações, no episódio tratado nas *Coéforas*, e pode ser considerada um complemento ideal para o *Agamêmnon*), por Eurípides (*Ifigênia em Áulis*, *Ifigênia em Táuris*, *Orestes*, *Electra*). Fora da Grécia, também Sêneca usou como tema de tragédias alguns episódios do ciclo argivo (*Agamêmnon*, *Tiestes*). E pelos tempos afora encontramos ressonâncias das trágicas histórias relacionadas com os mesmos heróis e heroínas: diretas nos dramaturgos franceses, em Alfieri, em Goethe; indiretas entre os autores contemporâneos como Eugene O'Neil, Sartre, Anouilh.

ÉSQUILO POETA

Uma frase atribuída a Sófocles, sucessor e rival de Ésquilo no teatro grego, caracteriza a posição do poeta da *Oréstia* no desenvolvimento da tragédia como gênero literário. Sófocles teria dito que Ésquilo "compunha boa poesia mas inconscientemente" (segundo Atênaios, *Deipnosofistas*, vol. IV, página 443 da edição de Gulick). Essa apreciação colocaria Ésquilo na linha dos verdadeiros poetas, de que nos fala Platão, que na *Apologia de Sócrates* diz que "as criações dos poetas não se devem ao saber, mas à inspiração e ao transe". O mesmo filósofo acentua no *Fedro* (245 a; a referência à *Apologia* é a 22 a): "Aquele que, sem o delírio das Musas, bate às portas da poesia, persuadido aparentemente de que a arte basta para fazer dele um poeta, não chegará a resultado algum, e sua obra de homem de sangue-frio será eclipsada pela dos poetas dominados pelo delírio." Continua Platão, agora nas *Leis* (719 c): "O poeta, quando começa a criar, não é mais senhor da sua razão." E finalmente no *Íon* (534 b): "O poeta é um ser alígero, sagrado, que não chegará ao estado de criar antes de ser inspirado por um deus, fora de si, perdida a razão; enquanto conserva esta faculdade nenhum ser humano é capaz de fazer poesia." A apreciação de Sófocles seria um elogio e não uma censura a Ésquilo.

Mas não se pense que essa criação instintiva seja descuidada. Ao contrário, se quanto ao fundo Ésquilo é pura inspiração, quanto à forma é pura reflexão. Seus versos em geral são cuidadosíssimos, a ponto de Rapin, crítico francês do século XVII, dizer: "Quase não se entende o *Agamêmnon*, em que Ésquilo põe toda a sua arte nas palavras, sem cuidar dos sentimentos" (citado por George Méautis, *Eschyle et la Trilogie*, página 42).

A estrutura das peças que compõem a trilogia é surpreendentemente elaborada (principalmente no *Agamêmnon*). Apenas para dar uma ideia e alertar o leitor quanto a este aspecto da arte de Ésquilo, vejam-se os versos 979 e seguintes do *Agamêmnon*:

> "Houvesse este homem sido mesmo vítima
> dos ferimentos todos que nos relataram,
> mais furos haveria em seu corpo forte
> que malhas numa *rede* grande..."

onde Clitemnestra antecipa, como que inconscientemente, a alusão posterior à rede com que envolverá Agamêmnon para golpeá-lo com mais facilidade (verso 1594). A profecia de Cassandra no verso 1269 também menciona o "véu fatal", que é a "rede" de Clitemnestra.

Também a alusão às "três vidas" ("três corpos") de Geríon, no verso 985, está na linha das antecipações inconscientes de Clitemnestra no sentido da realização de seus desejos. Vem-nos à mente quando a esposa assassina, nos versos 1597 e 1600, se vangloria das "três" punhaladas com que matou Agamêmnon.

É de grande efeito, também, o sinistro duplo sentido das palavras do ancião do coro (verso 307) almejando que o fim de tudo seja tal qual deseja Clitemnestra, sem saber que ela quer e prepara a morte de Agamêmnon.

É digno de menção, de um modo geral, o recurso ao duplo sentido em muitas falas do *Agamêmnon*, principalmente nas de Clitemnestra. Mas, não somente as palavras têm importância para Ésquilo. Também o silêncio é usado com ótimo efeito no *Agamêmnon*, como o da sentinela em seguida ao verso 26, o de Cassandra em seguida aos versos 1191 e 1200, e o silêncio do coro, longo silêncio que se imagina após o verso 1547 da mesma tragédia, antes do grito de Agamêmnon.

Já Aristófanes, que além de grande poeta era ótimo crítico literário em suas comédias, havia notado o uso que Ésquilo fazia desses silêncios, mais agradáveis a Diônisos que o palavrório dos poetas trágicos posteriores, no julgamento que o poeta pôs na boca do deus patrono da tragédia (*As Rãs*, versos 833 e 911 e seguintes; veja-se Atkins, *Litterary Criticism in Antiquity*, vol. I, página 28).

Também é fácil imaginar o efeito de certos gestos, evidentemente procurado por Ésquilo, principalmente em Clitemnestra (embora os manuscritos não tragam indicações cênicas). Por exemplo, o exagero das palavras da rainha, nos versos 1034-1035 do *Agamêmnon*, faz pensar em exagero também na gesticulação, e é obvio que às palavras se juntava um acentuado gesto de reverência. Os versos 970 ("durante a estada interminável *deste* homem"), 979 ("houvesse *este* homem sido mesmo vítima") e 1020 ("Saúdo *neste* homem o mastim fiel") sugerem largos gestos de Clitemnestra apontando Agamêmnon (o hiato nestes versos destina-se a dar ênfase aos gestos de Clitemnestra). O verso 1036, como está no original, leva-nos a supor que foi escrito por Ésquilo para ser dito com o acompanhamento de gestos de acentuada impaciência.

Segundo Aristófanes, Ésquilo era entre os três grandes poetas trágicos gregos o único realmente "dionisíaco" (*As Rãs*, verso 1468). Ainda segundo Aristófanes (*As Rãs*, 1004), Ésquilo foi o primeiro poeta a "estruturar frases grandiloquentes". Um crítico antigo (Dionísios de Halicarnassôs, capítulo X de sua *Apreciação dos Escritores Antigos*) disse que, quando os recursos da linguagem corrente eram insuficientes para seus propósitos, Ésquilo usava as licenças da genialidade para criar um vocabulário poético próprio (edição de Usener-Radermacher, vol. II, página 206). De acordo com pesquisadores modernos, Ésquilo criou mais de mil palavras em suas sete peças restantes e nos fragmentos das que se perderam.

Mas, seria enfadonho continuar esmiuçando detalhes. Deixo ao leitor a descoberta das belezas (e também dos defeitos) de Ésquilo, certo de que, se a tradução não desfigurou excessivamente o original, a surpresa diante das qualidades das três peças da *Oréstia* será extraordinária.

A TRADUÇÃO[3]

A primeira edição de minha tradução do *Agamêmnon* foi publicada em 1964 pela Editora Civilização Brasileira, tendo recebido o prêmio Artur de Azevedo de 1965 da Academia Brasileira de Letras. Ao revê-la para esta reedição, esforcei-me por corrigir os numerosos erros tipográficos que infelizmente escaparam na primeira edição. Introduzi também no texto modificações feitas ao longo dos anos em meu exemplar de trabalho, com o objetivo de dar maior fluência à linguagem.

As traduções das *Coéforas* e das *Eumênides* saem aqui pela primeira vez.

De meu trabalho direi apenas que foi muito difícil, mas feito com enorme satisfação. Penetrando nos detalhes das peças, descobri novas belezas num texto cujas qualidades pensava conhecer antes de iniciar a tarefa ora concluída.

As dificuldades são agravadas pelo fato de o texto das três peças ser problemático em muitos trechos, e de haver lacunas nos manuscritos das *Coéforas*, além de vários versos truncados, criando sérios desafios ao tradutor.

A cada variação do metro no original, procurei fazer corresponder um metro diferente na tradução, porque essas transições têm sua importância para acentuar estados d'alma ou simplesmente para maior efeito sonoro.

O TEXTO

Serviu de base à tradução o texto da edição de Gilbert Murray (*Aeschyli quae supersunt Tragoediae, editio altera*, Oxonii, 1955). Consultei, para a interpretação das numerosas passagens obscurecidas por deficiências do texto, as edições de Wilamowitz-Moellendorff (*Aeschyli Tragoediae, editio altera ex editione anni 1914 ope expressa*), de Paul Mazon (Paris, "Les Belles Lettres", 3ª edição, 1945), e a edição comentada de A. W. Verral (Londres, Macmillan, 1889 e seguintes). Recorri também a obras dedicadas à apreciação das peças, como a de George Méautis já citada, e a de Maurice Croiset, *Eschyle — Études sur l'Invention Dramatique dans son Théâtre.*

Rio, janeiro de 1991
MÁRIO DA GAMA KURY

NOTAS À *INTRODUÇÃO*

1. Nos versos 925 e seguintes das *Eumênides*, Ésquilo, como testemunha do fim da tirania e da consolidação subsequente da democracia de sua cidade, expõe conceitos políticos dignos de um eupátrida ateniense do século de Péricles.

2. "Atridas": filhos de Atreu (Agamêmnon e Menelau). Para as numerosas alusões aos mitos e às lendas gregas na introdução e no texto das peças, veja-se o *Dicionário de Mitologia Grega e Romana* publicado por Jorge Zahar Editor em 1990.

3. O professor Antônio Medina Rodrigues, da USP, num artigo muito interessante e amável, na época da publicação, por Jorge Zahar Editor, da *Trilogia Tebana* (*Folha de S. Paulo*, 1º de setembro de 1990), diz com muita propriedade que os versos de minha tradução deixam "a impressão quase invariável de prosa metrificada". Essa observação me agradou, pois tem sido este o meu objetivo, para ser o mais fiel possível à forma da tragédia grega. Vejam-se, por exemplo, as palavras de Aristóteles na *Poética* (1449 a 25 e seguintes): "O metro iâmbico [usado principalmente nas partes faladas da tragédia], como sabemos bem, é o mais prosaico [no sentido de 'próximo à prosa'] dos metros, como se pode confirmar pelo fato de nos surpreendermos com muita frequência usando-o em nossas conversas." Ver também a *Retórica*, 1404 a 31.

AGAMÊMNON

Época da ação: idade heroica da Grécia (cerca de 1200 a.C.).
Local: Argos, na Grécia.
Primeira representação: 458 a.C., em Atenas.

PERSONAGENS

AGAMÊMNON, filho de Atreu e rei de Argos e de Micenas; comandante dos gregos na guerra de Troia
CLITEMNESTRA, filha de Tindareu e de Leda; irmã de Helena; esposa de Agamêmnon
EGISTO, filho de Tiestes; primo de Agamêmnon; amante de Clitemnestra
CASSANDRA, filha de Príamo, rei de Troia, profetisa, trazida por Agamêmnon como troféu de guerra
SENTINELA
ARAUTO
CORO, composto por doze anciãos argivos fiéis a Agamêmnon
CORIFEU

Os gregos são também chamados Aqueus, Argivos, Helenos. Troia é também chamada de Ílion.

AGAMÊMNON

Cenário

Espaço em frente ao palácio de Agamêmnon em Argos, com um altar no centro (dedicado a Zeus) e vários altares de outras divindades nos lados. Em um terraço elevado está a SENTINELA. *É noite.*

SENTINELA

Aqui no alto do palácio dos Atridas
aos deuses todos peço há muitos, longos anos
que me liberem da vigília cansativa.
Firmado em meu braço dobrado, sempre atento,
igual a cão fiel, de tanto olhar o céu
noite após noite agora sei reconhecer
a multidão inumerável das estrelas,
senhoras lúcidas do firmamento etéreo,
indicadoras dos invernos e verões
em seu giro constante pela imensidão.
Espreito a todo instante o fogo sinaleiro
que nos dará notícia da queda de Troia;
são ordens da mulher de ânimo viril,
rainha nossa, persistente na esperança.
Sempre que faço por aqui meu leito duro
e deito molhado de orvalho, sem dormir
e abandonado pelos sonhos de outros tempos
(em vez de sono tenho medo, grande medo
que afasta sempre minhas pálpebras pesadas),
tento cantarolar, dizer alguma coisa
que me desperte do torpor e me estimule,
mas são soluços que me saem da garganta,
pois choro as muitas desventuras desta casa
outrora tão feliz, tão infeliz agora!
Que venha, venha logo o protelado termo
de minhas incontáveis atuais fadigas
com a mensagem clara inda não recebida!

(Silêncio; a SENTINELA *permanece atenta; subitamente aparece ao longe uma luz, tênue a princípio e depois mais forte; a* SENTINELA *ergue-se e fala com emoção.)*

É o sinal! É o sinal! Meus próprios olhos veem!
Eis a noturna luz que mudará decerto
a treva em pleno dia! Logo vamos ter
em Argos muitas danças e sonoros cantos!
Falo alto e forte para que me escute bem
a esposa de Agamêmnon em seu leito régio
e faça reboar pelo palácio todo
um grito estrepitoso de contentamento
se é verdadeira esta revelação das chamas
e finalmente Troia forte foi vencida.
Começarei eu mesmo a festa; estou dançando!
A sorte de meus amos é também a minha
e a mensagem da chama vista de tão longe
é o lance mais feliz de toda a minha vida!
Volte o senhor deste palácio são e salvo
e possa eu logo estreitar-lhe a mão bem-vinda!
Quanto ao demais, silêncio! Um peso muito grande
prende-me a língua mas a sua própria casa,
se possuísse voz, revelaria fatos
conhecidíssimos por muitos dos argivos;
hão de entender-me claramente os que já sabem;
não saberão os outros; quando quero, esqueço.

(A SENTINELA retira-se do terraço. Gritos de vitória são ouvidos dentro e fora do palácio, de onde saem criadas portando archotes, com os quais acendem chamas votivas e queimam incenso nos altares. No meio das criadas vê-se CLITEMNESTRA, que se prosterna diante do altar central em atitude de prece. Entram em cena, vindos da outra extremidade do palco, os ANCIÃOS componentes do CORO, encaminhando-se para a frente do palco. Surge o dia.)

CORO

Partiram há dez anos desta terra
mandando em mil navios belicosos
e tripulados todos por argivos
— apoio marcial a seus anseios —
rei Menelau, que detestava Príamo,
e seu valente irmão, rei Agamêmnon,
Atridas fortes e destemerosos,
dois tronos e dois cetros dons de Zeus.
Um grito de batalha aterrador

repercutiu nos céus vindo de peitos
amargurados por justo rancor
como o das águias donas das alturas
que em solitário, negro desespero
ao verem mortos os filhotes frágeis
batem os ares com as asas enormes
chorando os vãos desvelos com seu ninho
que ao regressar acharam destruído.
Porém algum dos deuses lá do alto
— Apolo, ou Pan, ou mesmo o grande Zeus —
escuta as queixas das magoadas aves,
valentes habitantes de seu reino,
e contra quem lhes fez tamanho mal
envia pelas Fúrias vingadoras
castigo certo e duro, embora tardo.
Assim agiu o grande Zeus fortíssimo
sempre zeloso da hospitalidade
mandando contra Páris os Atridas.
Por uma dama, por Helena bela
de muitos homens, gregos e troianos
travaram mil batalhas ferocíssimas
em que no chão se dobram os joelhos
e lanças partem-se aos primeiros ímpetos.
Os fatos passam-se conforme devem;
caminha tudo para o fim marcado
e nem a lenha de lustral fogueira
nem abundantes libações nem lágrimas
tornam propícias oferendas ímpias.
Ficamos nós aqui, por sermos velhos
já incapazes para pugnas bélicas,
firmando nestes sólidos bastões
os nossos passos débeis, infantis;
a feitos marciais não aspiramos.
É igual ao nosso o ardor dos peitos jovens
mas Ares não nos quer em seu cortejo;
a nossa vida já durou demais
e temos todos os cabelos brancos;
as pernas trôpegas não nos ajudam,
como crianças nos primeiros passos;
apesar de acordados já sonhamos.

(Aproximando-se do altar central, veem CLITEMNESTRA *orando.)*

Mas tu, filha de Tindareu, o grande,
rainha Clitemnestra, vem, responde,
informa-nos depressa do que houve;
quais as notícias que te transmitiram?
Que novas ou rumores te fizeram
realizar com desusada pressa
tais cerimônias propiciatórias?
Os deuses do alto e os das profundezas,
os numes dos santuários e das ruas
ostentam todos os altares cheios
de inumeráveis, ricas oferendas;
aqui e ali as chamas sobem lépidas
levando ao céu o incenso lisonjeiro
até nos mais recônditos recantos.
Explica-nos, então, qual o motivo
de tanto movimento inesperado;
transmite-nos o que pode ser dito;
desfaze as dúvidas de nossa mente
atônita, que desespera às vezes,
às vezes se alvoroça de esperança
que as chamas dos altares iluminam
ao dissipar a dúvida mortal
destruidora do ânimo mais forte.

(CLITEMNESTRA, absorta diante do altar, parece ignorar os ANCIÃOS, que voltam à posição anterior. Um deles avança.)

Falar ainda posso, ainda lembro
o dia da partida e julgo ver
de novo o alegre augúrio de triunfo
que se mostrou aos bravos combatentes
(as divindades deixam-nos intacta
ao menos uma força na velhice:
o dom dos doces cantos convincentes).

(Mais musical.)

Os dois valentes reis Aqueus de mente unânime
levaram para Troia a gente grega
portando as lanças ansiosas por vingança,
tocados por presságio favorável:

de súbito surgiram ante os reis, senhores
de tantas naus e homens, duas águias
rainhas das alturas; uma, toda negra,
a outra quase (tinha o dorso branco),
voando nas proximidades do palácio,
cortando os ares nítidos do lado
da mão que brande as armas; ambas atacavam,
terríveis, ávidas, pejada lebre;
a vítima, desesperada, contorcia-se
na luta por fugir daquelas garras,
da morte próxima que logo acabaria
com as céleres carreiras e com tudo;
mas foi em vão; as duas águias devoraram-na
e aos filhos inda ocultos em seu ventre.

CORO

Tristezas, canta tristezas,
e possa o bem triunfar.

ANCIÃO

Então o sábio adivinho dos exércitos,
olhando os dois Atridas marciais,
equiparou-os às soberbas águias ávidas,
devoradoras de indefesas lebres,
e disse interpretando o portento que vira:
"No tempo próprio, eles, que ora partem,
conquistarão por certo a terra do rei Príamo;
e quando as altas torres da cidade
caírem, as riquezas de uma raça toda
serão tomadas; o destino quer.
Mas aconselho-vos o máximo cuidado!
Pode algum deus zeloso arrebatar
de vossas mãos aflitas por poder impô-lo
o jugo duro feito para Troia!
A casta Ártemis em sua piedade
está irada com os alados cães
de Zeus seu pai, que devoraram frágil presa
e suas crias inda por nascer;
ela maldiz o bárbaro festim das águias."

CORO

Tristezas, canta tristezas,
mas possa o bem triunfar.

ANCIÃO

“Mas basta de falar; é quanto me permite
dizer a bela deusa benfazeja
que se diverte com os ferozes leõezinhos
ainda frágeis e com as tenras crias
das feras todas habitantes das florestas,
se quero interpretar algum presságio
— portento auspicioso ou (quem sabe?) funesto —
no voo velocíssimo das aves.
Invoco Apolo e peço a sua intercessão;
não prenda Ártemis as naves gregas
com ventos fortes insuflados contra elas
impondo mais um sacrifício ímpio,[1]
adverso às leis, incompatível com o júbilo,
artífice de lutas em família,
amargo fim da reverência conjugal.
Já antevejo a cólera bem próxima,
terrível, inapaziguável, sem remédio,
guardiã insidiosa desta casa,
alerta sempre, sempre ansiosa por vingar
com crueldade a vítima inocente.”
Tais foram as palavras do profeta Calcas
diante da mansão de nossos reis,
presságio de terríveis males e de bens
enormes que ditaram os augúrios
no dia da partida; e em seguida a eles...

CORO

...tristezas, canta tristezas,
mas possa o bem triunfar.

ANCIÃO

Zeus! Seja Zeus quem for! Que a minha invocação,
se lhe aprouver, tenha boa acolhida!

Depois de muito ponderar, somente em Zeus
diviso o fim de minha angústia enorme.
Um deus havia antigamente, poderoso[2]
e ousado para todos os combates
(seu nome no futuro nem será lembrado);
surgiu depois um outro deus mais forte[3]
mas foi também vencido e desapareceu.
Agora os homens que convictamente
veem no grande Zeus o vencedor final
desfrutam do conceito de mais sábios,
pois Zeus sem dúvida foi quem levou os homens
pelos caminhos da sabedoria
e decretou a regra para sempre certa:
"o sofrimento é a melhor lição".
Da mesma forma que durante o sono, quando
somente o coração está desperto,
antigas penas nossas voltam à memória,
assim aos homens vem, malgrado seu,
a sapiência; esse constrangimento bom
é comunhão da graça procedente
dos deuses entronados em augustas sedes.
Aconteceu o mesmo ao condutor
das naves gregas — o mais velho dos Atridas —
que, sem ter dúvidas quanto às palavras
do vate iluminado, aceitou logo os golpes
impiedosos da fortuna adversa
naquela hora em que a ardorosa gente grega
permanecia inerte em frente a Cálcis[4]
(lá onde as águas de Áulis sobem e recuam),
retida por ventos desfavoráveis
enquanto as poucas provisões se consumiam
nas naus imóveis com as velas descidas.
As brisas que sopravam rápidas do Strímon[5]
trazendo o desastroso ócio, fome,
perigos, dispersão dos homens, fim das naves
havia tanto tempo ali paradas,
ceifavam o melhor da juventude grega
naquela espera longa, interminável;
na hora em que o profeta, interpretando Ártemis,
anunciou aos chefes dos Aqueus
a contingência inexorável, mais cruel
que aquela espera desalentadora,

os dois filhos de Atreu golpearam a terra
com os cetros e tiveram de chorar.
"Será atroz o meu destino se resisto",
falou o mais idoso dos dois reis;
"será atroz, também, matar a minha filha,
minha Ifigênia muito, muito amada,
adorno, encantamento do palácio meu,
manchando minhas mãos de pai com o sangue
do sacrifício de uma virgem inocente.
Qual dos caminhos me trará agora
mágoa menor? Será possível nesta hora
abandonar de vez a expedição
traindo tantos e tão prestes aliados?
De certo está com eles a justiça
se querem decididamente o sacrifício
capaz de os ventos nos trazer, propícios,
embora tenha de jorrar o sangue puro!
Que seja tudo para nosso bem!"
Depois de aceito o jugo da necessidade
o rei fez sua escolha e admitiu
o sacrifício, vilania inominável;
a decisão foi obra de um instante;
iria consumar-se a máxima ousadia.
A decepção funesta arrasta os homens
a insólitos extremos de temeridade;
é conselheira péssima e é fonte
inesgotável de amargura e sofrimentos.
Pois Agamêmnon não se atreveria
ao holocausto de Ifigênia, sua filha,
a fim de que pudessem ir as naus
de mar afora resgatar Helena bela?
As súplicas da vítima, seus gritos
pungentes pelo pai, a idade virginal
em nada comoveram os guerreiros
ansiosos por saciar a sede de combates.
Depois da invocação aos deuses todos,
mandou o pai que subjugassem sua filha;
usando as vestes para proteger-se,
tentava a virgem frágil resistir lutando
desesperadamente, mas em vão:
como se fosse um débil cordeiro indefeso,
puseram-na no altar do sacrifício;

brutal mordaça comprimia rudemente
seus lindos lábios trêmulos de medo
e sufocava imprecações; quando caíram
por terra as vestes de formosas cores,
a cada um de seus verdugos impassíveis
volveu os eloquentes olhos súplices
— tão expressivos como se pintura fossem —
desesperada por falar mas muda,
ela, que tantas vezes nas festivas salas
do senhoril palácio de Agamêmnon
cantava com a voz doce de donzela tímida
os hinos em louvor ao pai amado!
O que depois aconteceu não pude ver
e mesmo que pudesse não diria.
A arte do profeta Calcas não mentiu;
por obra da justiça os sofredores
se tornam dóceis e o porvir há de mostrar-se
no tempo prefixado fatalmente;
até que venha é inútil a preocupação
(por que chorar se a hora não soou?).
Chegando o dia tudo se revelará.

(CLITEMNESTRA, finda a prece e depostas as oferendas, afasta-se do altar central, marchando juntamente com as criadas para onde estão os ANCIÃOS do CORO.)

CORO

(Percebendo CLITEMNESTRA que se aproxima.)

Agora só devemos esperar,
em face da incerteza do futuro,
que o fim de tudo seja favorável,
tal qual deseja quem nos traz aqui
— segunda apenas diante de Agamêmnon
e no momento protetora única
da terra de Ápis, Argos gloriosa.[6]

CORIFEU

(Dirigindo-se a CLITEMNESTRA.)

Obedecendo, Clitemnestra, a teu poder,
vim para ouvir-te; é justo reverenciar
em frente ao trono há tanto tempo desusado
aquela que com o rei é nossa governante.
Se as novas que conheces são boas ou más
ou se nos mandas propiciar os deuses bons
movida e animada só pela esperança
— suave mensageira —, ouvir-te-ei solícito;
e não me queixarei se nada me disseres.

CLITEMNESTRA

Desejo que do seio maternal da noite
desponte cheio de venturas este dia.
Terás de mim notícias mais que favoráveis,
além da mais risonha das expectativas:
as forças gregas conquistaram Troia toda!

CORIFEU

Repete, por favor, pois não entendi bem!

CLITEMNESTRA

Os gregos capturaram Troia! Ouviste agora?

CORIFEU

O júbilo me vence e até me faz chorar!...

CLITEMNESTRA

Teus olhos falam bem de tua lealdade.

CORIFEU

Que provas tens? Há garantias da verdade?

CLITEMNESTRA

Se os deuses não quiseram enganar-me, há.

CORIFEU

Terás acreditado em sonhos convincentes?

CLITEMNESTRA

Não creio nas visões da mente adormecida.

CORIFEU

Algum rumor sutil passou por teus anseios?

CLITEMNESTRA

Igualas o meu pensamento ao das crianças?

CORIFEU

Revela, então, quando a cidade foi tomada!

CLITEMNESTRA

Na noite antecedente a este mesmo dia.

CORIFEU

Que mensageiro chegaria tão depressa?

CLITEMNESTRA

Hefesto, que mandou dos píncaros do Ida[7]
a sua chama lúcida, vista em seguida
lá dos penhascos de Hermes, na famosa Lemnos;
de lá o fogo forte foi comunicado
ao monte Atos, onde Zeus se refugia;
vencendo o interminável mar que vem depois,
levou nova fogueira a rápida mensagem
às incansáveis sentinelas no Macisto;
novo sinal de chamas foi aceso logo,
muito distante das águas do Euripo; a luz,
igual à de outro sol, foi vista do Messápio
por gente alerta que depressa transmitiu

a nítida mensagem vinda de tão longe
por toda a infindável planície do Asopo;
nas culminâncias do Citéron nova chama
luziu como se fora lua fulgurante;
ali se iluminou a fogueira seguinte,
capaz de ser notada ainda de mais longe
e seu clarão intenso atravessou o Gorgópis;
tendo atingido, infatigável, o Egiplancto,
seguiu a chama o rumo predeterminado
e a mais brilhante das fogueiras e maior
pôde ser vista para lá do promontório
que protege a saída do golfo Sarônico;
dali partiu nova mensagem luminosa
e chegou logo à outra meta desejada
— o alto monte Aracne, penúltima etapa,
posto avançado atento de Argos —; finalmente,
daqui pudemos ver a luz alvissareira,
vinda diretamente da primeira chama.
Não foi em vão que transmiti as minhas ordens
aos homens postos no percurso da mensagem
e a glória deste feito é igualmente deles.
Eis a evidência que te posso oferecer;
veio de Troia, mandada por meu senhor.

CORIFEU

Rainha, agora posso agradecer aos deuses,
mas gostaria de escutar-te novamente
pois meu espanto ainda não está desfeito.

CLITEMNESTRA

Agora os soldados Aqueus dominam Troia.
Na praça capturada certamente ouve-se
o burburinho de mil vozes bem distintas.
Derrame-se vinagre e azeite num só vaso;
os dois não se misturarão de modo algum,
como se fossem inimigos acirrados.
Da mesma forma, os brados dos vitoriosos
e os dos vencidos são de todo inconfundíveis;
separa-os diferença enorme de fortunas.
Mulheres desvairadas tentam descobrir

os corpos dos irmãos e dos esposos mortos;
sobre os cadáveres dos pais crianças choram
(são lábios antes livres lamentando males).
Mas os felizes vencedores, já refeitos
dos sobressaltos e fadigas e perigos
da derradeira luta nas noturnas trevas,
reúnem-se famintos junto aos poucos víveres
inda restantes na cidade saqueada
para a primeira refeição provada em paz.
Não haverá depois deveres marciais;
repousarão nas casas da vencida Troia
que lhes couberem na partilha por sorteio,
livres agora do suplício da friagem,
livres do orvalho na vigília sem abrigo;
desfrutarão enfim o sono sem cuidados
com que nas tréguas dos combates mal sonhavam.
Se cultuarem os bons deuses como devem
e os santuários da cidade subjugada,
de vencedores não se tornarão vencidos.
Dominem os conquistadores a soberba
e não se deixem arrastar pela cobiça
a temerárias, a sacrílegas pilhagens!
A luta não termina com a vitória; falta
a volta, que é metade de um longo caminho.
Ainda que regressem todos de mãos limpas,
sem máculas de excessos e de impiedades,
o ultraje aos numerosos inimigos mortos
se não causou ainda amargas decepções
mais tarde pode provocar rancor divino.
Ouviste simples pensamentos de mulher;
que sejam um prenúncio de ventura e paz
e finalmente possa o bem prevalecer.

CORIFEU

Procedes como se homem fosses e prudente,
e tua fala clara me persuadiu.
Irei levar aos deuses minha gratidão,
pois para tantas provações e tão cruéis
teremos recompensas em medida igual.

(CLITEMNESTRA retorna ao palácio seguida pelas criadas.)

Coro

Saúdo Zeus supremo que nos deu
imensa glória; salve, noite amiga
que acobertaste a cilada fatal
aos altos muros da orgulhosa Troia
onde morreram grandes e pequenos,
vítimas todos do destino duro.
Venero, sim, o hospitaleiro Zeus,
o deus que tudo fez, irresistível,
e preparou durante muito tempo
o inelutável arco da vingança
para que as setas dele disparadas
em direção a Páris não caíssem
aquém do alvo nem se extraviassem
num voo vão além dos astros claros.
Foi Zeus quem dirigiu a punição,
pois é inconfundível o sinal
que deixa em sua obra a mão divina.
Pensar é para Zeus igual a agir.
Afirmam uns que os deuses não vigiam
os descuidosos de dever sagrado;
são pensamentos atrevidos, ímpios!
A ruína é punição inexorável
da pretensão sem termo e sem medida
e das extravagâncias da opulência.
O dom supremo é ter comedimento;
queiramos só os bens inofensivos,
suficientes quando há bom senso,
pois a prosperidade nunca serve
aos que se sobrepõem à justiça.
Transtorna-os a sinistra Tentação,
insidiosa filha do Delírio:
o mal, então, se torna irremediável;
não se disfarça mais, todos o veem
— sinistra, inocultável evidência.
Iguais a moedas falsificadas
enegrecidas por pedra de toque,
revelam os perversos a maldade
como crianças que perseguem pássaros,
manchando os seus com nódoa inapagável.
Os deuses não escutam suas súplicas;

a ruína é o fim de todos os culpados.
Assim agiu outrora o belo Páris;
bem-acolhido pelos dois Atridas,
ignobilmente desonrou um lar
raptando uma mulher presa por núpcias!
Ela, deixando ao povo atrás de si
o estrépito de lanças e de escudos,
guerreiras naus e o aparato bélico,
levou a Troia o luto em vez de dote
quando transpôs as portas da cidade,
ousando o que jamais ninguém ousara.
Naquele instante os vates inspirados
disseram em gemidos incontidos:
"Ai do palácio! Ai, palácio e príncipes!...
Ai do vazio leito do marido
marcado ainda pelo corpo amado!...
Silencioso e só, entregue à dor,
ferido em seu orgulho um homem sofre,
aniquilado, sem poder queixar-se.
Sente saudade atroz, angustiante,
da esposa que se foi de mar afora;
a imagem dela inda povoa a casa;
a própria graça dos adornos belos
agora se afigura detestável;
foi-se com ela o atrativo deles.
Em sonhos o marido solitário
é visitado por visões fugazes
que só lhe trazem alegrias vãs,
pois mal se mostram já se desvanecem
fugindo fluidas de seus dedos ávidos
como asas agitadas pelo sono.
Apenas a saudade permanece
em seu palácio, ali junto à lareira,
constante e cada vez mais forte."
Por toda parte, em cada casa triste
de onde partiu algum guerreiro Aqueu,
o desencanto reina angustiando
os corações e tudo é inquietação;
todos se lembram bem dos que partiram
e pressentem que ao lar de cada um
em vez dos homens idos voltarão
apenas urnas fúnebres e cinzas.

Ares sangrento, mercador de morte,[8]
decide o resultado das batalhas
e a quem espera manda lá de Troia
o pó a que fogueiras crepitantes
num instante reduziram tantos gregos,
ainda quente e úmido de lágrimas.
Louvores se misturam a gemidos:
"Como era destemido este guerreiro!"
"Aquele ali tombou valentemente
na luta rude!" "Por esposa alheia",
alguém sussurra fazendo segredo.
E doloroso descontentamento
brota furtivamente e se difunde
visando aos dois Atridas vingadores.
Em Troia, todavia, bem distante,
ao longo das muralhas da cidade
jazem por terra muitos gregos mortos
na época mais bela da existência,
conquistadores, sim, mas engolidos
na hora extrema pelo chão vencido!
É perigosa a voz de uma cidade
magoada, a maldição de muita gente.
Prevejo, temeroso, tenebrosos,
terríveis fatos, pois os deuses guardam
a nítida visão de tantas mortes;
com o tempo as negras Fúrias vingadoras
envolvem irremediavelmente
os maus injustamente venturosos
e o máximo poder reduz-se a nada;
e desse fim sem sombra de esperança
ninguém, ninguém jamais escapará!
A glória imensa pode ser fatal
pois Zeus com seus irresistíveis raios
atinge facilmente as culminâncias.
Prosperidade que não cause inveja,
eis meu desejo; não me move a ideia
de conquistar e destruir cidades,
nem quero ver um dia minha vida
nas mãos de impiedosos vencedores.
Anunciada por clarão intenso,
mensagem célere percorre Argos;
se é verdadeira ou nada mais que engodo

armado pelos deuses, quem garante?
Seria pueril ou insensato
dar crédito a esperanças despertadas
por incomuns mensagens flamejantes
que podem resultar em desenganos;
a decepção sucede à esperança.
É próprio das mulheres acolher
com avidez rumores agradáveis
sem aguardar a prova da verdade;
se rápida a certeza se insinua
na mente das mulheres, mais depressa
desfaz-se a feminina convicção.

(Alguns dias depois; mesmo cenário; os ANCIÃOS *do* CORO *estão novamente reunidos.)*

CORIFEU

Em breve saberemos se o revezamento
de chamas claras e fogueiras sinaleiras
nos transmitiu um fato, ou se foi sonho apenas
essa visão de luz, engano dos sentidos;
caminha em nossa direção, vindo da praia,
veloz recém-desembarcado mensageiro
com folhas de oliveira em volta da cabeça,[9]
todo coberto de poeira, irmã do lodo;
e bem se vê que não irá ficar calado
nem acender fogueiras no alto das montanhas
— sinais equívocos de chama e de fumaça —;
deve trazer-nos com palavras categóricas
jamais sentidas alegrias, ou então...
(causa-me horror esta segunda alternativa...).
Que às perspectivas agradáveis, já sabidas,
venham juntar-se razões novas de alegria!
E quem tiver agora pensamentos outros
ou maus desejos relativamente ao povo
há de o castigo receber que bem merece!

(Entra o ARAUTO, *ofegante.)*

ARAUTO

Saúdo o solo de Argos, terra de meus pais!

Dez anos se passaram, mas enfim retorno!
Vi numerosas esperanças fracassarem
mas uma realizou-se: nem sequer em sonhos
imaginava vir morrer em minha terra
e ter aqui a pretendida sepultura!
Seja este chão bendito e seja abençoada
a luz do sol, e Zeus bendito nas alturas!
Saúdo Apolo Pítio (não nos atravessem
jamais as tuas setas!). Temos suportado
durante muito tempo a tua hostilidade
lá longe às margens do Escamandro;[10] sê agora
o nosso protetor e guarda, santo Apolo!
Saúdo as divindades todas da cidade,
principalmente meu patrono e guia, Hermes,
arauto-mor pelos arautos venerado!
E vós, também, heróis que protegeis as naus,
sede benévolos com todos os guerreiros
que as lanças não exterminaram nas batalhas!
Salve, palácio de meus reis, seguro abrigo!
Salve, sacrários! Salve, deuses poderosos
que o sol clareia! Como em dias já passados,
mostrai semblante acolhedor ao nosso rei
depois dos anos infindáveis dessa ausência!
Trazendo luz às trevas Agamêmnon volta
por vossa graça e para o bem de todos nós.
É justo recebê-lo com festas sem par,
pois ele destruiu a terra dos troianos,
onde não foi deixada pedra sobre pedra,
com as armas que lhe pôs nas mãos Zeus vingador;
até os santuários foram arrasados
e o solo revolvido; Troia outrora altiva
suporta hoje o jugo degradante e duro
imposto por nosso senhor recém-chegado,
o filho mais idoso e mais feliz de Atreu,
digno mais que ninguém de grandes homenagens.
Findou a presunção de Páris e de Troia;
o sofrimento foi maior que o benefício.
Herói de rapto e de rapina, viu perdido
o fruto de seu crime e apenas malefícios
causou à sua gente e a todo o povo seu;
coube uma pena dupla aos filhos do rei Príamo.

CORIFEU

Arauto das hostes argivas, rejubila-te!

ARAUTO

Seria bom morrer agora, junto aos meus!...

CORIFEU

Atormentavam-te as saudades desta terra?

ARAUTO

De tal maneira que já não contenho as lágrimas!

CORIFEU

Não era, então, apenas nossa essa tristeza...

ARAUTO

Que dizes? Sê explícito, pois não te entendo.

CORIFEU

Sofríeis por voltar e nós por vossa volta.

ARAUTO

Eram saudades dos saudosos combatentes?

CORIFEU

Muitos soluços transbordavam de meu peito.

ARAUTO

Qual era a causa de tua melancolia?

CORIFEU

Há muito tempo meu remédio é não falar...

ARAUTO

Na ausência de teu rei alguém te amedrontava?

CORIFEU

"Seria bom morrer agora", tu disseste...[11]

ARAUTO

Porque se concretizam hoje meus desejos.
Dão certo alguns projetos nossos, outros não;
somente os deuses são imunes a fracassos.
Se eu pretendesse descrever as provações,
o desconforto, os incontáveis sofrimentos
de nossa expedição, palavras comovidas
diria relembrando tantos dias tristes.
Desembarcados, inda padecemos mais,
premidos contra as fortalezas inimigas;
caía chuva lá do céu, caía orvalho
e as vestes dos soldados não os abrigavam.
Se fosse eu falar do frio intolerável
que até matava os pássaros no alto Ida...[12]
E dos verões, quando ao torpor do meio-dia
o mar imóvel e sem brisas dormitava...
Mas não repetirei lamentos. Nossas penas
estão passadas; terminaram as dos mortos,
que nunca, nunca mais conseguirão erguer-se.
Por que enumerar os desaparecidos,
afligindo os sobreviventes, mais felizes,
com a rememoração de alheias desventuras?
Conforta-nos bastante o derradeiro adeus
que nos disseram os passados infortúnios;
nós, os remanescentes das hostes argivas
tivemos afinal mais ganhos do que perdas;
depois de tantos mares percorrer e terras
é muito justo proclamar altivamente
diante do fulgor do sol: no fim da luta
as forças vencedoras da arrogante Troia
ofereceram os troféus lá conquistados
aos deuses bons de toda a Grécia, que reveem,
glorificando seus altares veneráveis.

E quem ouvir depois a história desses feitos
terá de enaltecer a Hélade e seus chefes;
também será lembrada a ajuda de Zeus pai
que tudo fez. Termina aqui a minha fala.

CORIFEU

Teus ditos me venceram, não posso negar;
é sempre tempo de render-me à evidência.

(Vendo CLITEMNESTRA *chegar à porta do palácio.)*

Pertencem mais a esta casa as novidades
e a Clitemnestra; a mim me coube muito delas.

(Entra em cena CLITEMNESTRA, *vinda do palácio.)*

CLITEMNESTRA

Faz muito tempo que se ouviu meu grito alegre
de triunfo, quando o fogo nítido nas trevas
primeiro deu a conhecer o fim de Troia
apregoando a sua ruína e rendição.
Houve entre nós quem murmurasse, quem dissesse:
"a chama das fogueiras é tão convincente
que julgas consumada a perdição de Troia?
O coração engana às vezes as mulheres".
Fui censurada, fui havida por demente,
mas nem por isso descuidei de prescrever
os sacrifícios rituais gratulatórios.
Por minha só vontade firme de mulher,
em todos os recantos da cidade alegre
soaram alto as merecidas louvações
aos deuses; sobre seus altares recendeu
incenso forte consumido pelas chamas.
Qual o valor, então, de repetir as novas
já conhecidas? Ouvirei do próprio rei
a história toda; por enquanto quero apenas
cuidar depressa de cumprir a minha parte,
tratando como devo o meu senhor que volta.
Não há para a mulher satisfação maior
que a de mandar abrir as portas ao marido

salvo da morte pelos deuses nas batalhas.
"Retorne sem demora!" Nada mais desejo,
pois a cidade é dele e o quer de volta já.
Que venha ao lar e veja a companheira honesta
como a deixou, zelosa, igual a cão fiel,
maior amiga dele e inimiga máxima
dos que lhe querem mal, a mesma esposa em tudo,
durante tanto tempo guardiã atenta
de quantos bens ficaram sob o seu cuidado.
Não conheci prazeres vindos de outros homens
e nada sei de intrigas e maledicência
(tais coisas para mim são totalmente estranhas).[13]

ARAUTO

Numa mulher tão nobre não chega a chocar
essa altivez onde tudo é pura verdade.

(CLITEMNESTRA volta ao palácio.)

CORIFEU

(Dirigindo-se ao ARAUTO.)

São para tua informação essas palavras,
mas quem as ouve e as interpreta retamente
conclui depressa que elas são todas malévolas.
Conta-nos algo agora sobre Menelau:
também voltou o chefe amigo desta terra
convosco são e salvo? Quero ouvir de ti.

ARAUTO

Seria vão tentar passar relatos falsos
por verdadeiros; durariam pouco tempo.

CORIFEU

Preferiríamos notícias agradáveis
mas que exprimissem simultaneamente os fatos;
as falsas alegrias logo se desfazem.

ARAUTO

De Menelau e suas naus, infelizmente
não há na armada quem saiba dizer. Não minto.

CORIFEU

Terá deixado Troia antes dos outros gregos?
Ou uma tempestade — perdição de todos —
causou a dispersão das naus e desgarrou-as?

ARAUTO

Foste direto ao alvo, igual a bom archeiro;
poucas palavras mostram o desastre enorme.

CORIFEU

Conheces a impressão dos outros navegantes?
É de que esteja vivo, ou o consideram morto?

ARAUTO

Não há quem saiba com certeza; só o Sol
que vivifica a terra poderá dizer.

CORIFEU

Serás capaz de relatar a tempestade
mandada pelo céu por sobre as nossas naus
e tudo que ocorreu, e mesmo o fim de tudo?

ARAUTO

Palavras tristes não condizem com momentos
de bons augúrios; seja honrado cada deus
em sua vez. Se um mensageiro, consternado,
relata ao povo a destruição de tantas naus
— terrível golpe imposto a toda uma cidade —,
de muitos lares em que vítimas sem número
ceifou impiedoso o duplo açoite de Ares[14]
— dobrada maldição, parelha sanguinária —,

quando as notícias vêm repletas de desgraças,
o arauto pode entoar com propriedade, então,
o canto lamentoso e lúgubre das Fúrias.
Mas se transmito a uma cidade jubilosa
notícias boas de vitória e salvação,
por que misturarei desgraças e venturas
falando-vos de desastrosas tempestades,
prenúncio da divina ira contra nós?
Pois mar e fogo, antes ferozes inimigos,
em aliança se juntaram e a selaram
despedaçando as infelizes naus argivas!
Em plena noite os vagalhões nos açoitavam.
As naus se entrechocavam todas, impelidas
irresistivelmente pelos ventos trácios[15]
e proas destruíam proas com fragor
em meio à fúria da procela; golpeadas
sem trégua pelas fortes chuvas, nossas naus
desarvoravam, desgarravam-se, perdiam-se,
joguetes da tormenta grávida de males.
E quando a luz do sol apareceu radiosa
o mar Egeu surgiu florido de cadáveres[16]
de gregos e destroços do desastre náutico.
No entanto nós, e nossa nau com o bojo intacto,
fomos poupados por alguma divindade
que ocultamente pôs mão forte no timão.
Quis a fortuna salvadora acomodar-se
em nossa proa e felizmente nos livrou
de enormes ondas e de escolhos traiçoeiros.
Assim salvamo-nos da morte no oceano,
mal crendo ainda em nossa sorte favorável.
Pensamos ansiosos, quando veio o dia,
em nossos novos infortúnios e na frota
aniquilada pela negra tempestade.
Agora, se qualquer dos nossos inda vive,
há de sem dúvida pensar que nós estamos
perdidos (e por que não pensaria assim
se o mesmo imaginamos a respeito deles?).
Mas praza aos céus que o fim de tudo seja bom.
Mais do que tudo espero Menelau de volta.
Se o sol onividente o descobrir um dia
com vida e bem por proteção do grande Zeus
que ainda não intenta destruir de todo

a nobre estirpe oriunda do famoso Atreu,
há esperanças de que volte um dia a nós.
São verdadeiras as palavras que escutaste.

(Retira-se o ARAUTO.*)*

CORO

Quem terá dado nome tão correto[16a]
a Helena bela, essa esposa de espadas,
envolta em desavenças, dor e ruínas,
nascida para destruir armadas
e perdição dos homens e cidades?
De certo alguma oculta potestade
que em nossos lábios pôs a voz dos fados.
Deixando atrás de si faustosa vida
fugiu de mar afora, impulsionada
por Zéfiro gigante com seu sopro.[17]
Seguiram-na incontáveis caçadores
armados e vestidos de guerreiros
no encalço do sinal fugaz dos remos
até as margens verdes do Simóis,[18]
por obra e causa da discórdia rubra.
A cólera de rígidos desígnios
mandou a Troia bodas lutuosas,
cobrando o grande Zeus hospitaleiro
na hora certa o preço da desonra
daqueles que, com voz harmoniosa,
cantavam hinos em louvor da noiva
e seus parentes no himeneu solene.
A célebre cidade do rei Príamo
inteira conheceu um canto lúgubre
que agora entoa em soluçada voz
entrecortada de lamentações;
maldizem Páris, o funesto noivo,
e choram sob o fardo insuportável
da vida muito mais que desgraçada,
repleta da terrível amargura
de verem mortos tantos filhos seus.
Acolhe alguém um leãozinho em casa,
tirado ainda tenro da leoa
e desejoso apenas de seu leite;

é inofensivo nos primeiros dias;
dócil, diverte-se com os meninos
e delicia mesmo os mais idosos,
em cujos braços deixa-se ficar
como se também fosse uma criança
submissa ao ventre e grata, no momento,
à generosa mão que a alimenta.
Mas chega o dia em que, depois de grande,
revela a própria natureza bruta:
em troca dos cuidados e desvelos
devora ovelhas e destrói rebanhos
num trágico banquete sem convite.
A casa é poluída pelo sangue
e seus senhores choram desolados
diante da carnificina enorme;
foi um ministro de desgraça e dor
que alimentaram por ordem divina.
Da mesma forma, penso, veio a Troia
assemelhando-se antes a prenúncio
de tempos calmos, de tranquilidade,
um frágil ornamento de beleza,
suave seta que vulnera os olhos
ou flor de amor que fere corações.
Mas num instante tudo transmudou-se
e a esposa recém-vinda converteu-se
na perdição de um lar, de todo um povo,
por decisão de Zeus hospitaleiro,
mandante das lacrimogêneas Fúrias.
Repetem os mortais há muito tempo
velhíssimo provérbio: “da fortuna
imensa de um mortal germinam logo
males inda maiores para os seus”.
É diferente o meu entendimento:
ações iníquas geram fatalmente
iniquidades umas sobre as outras,
idênticas em tudo à sua origem;
porém nas casas onde houver justiça
jamais filhos perfeitos faltarão.
Uma arrogância mais antiga gera
nova arrogância em meio a gente má
e ao se formar, a vida perpetua
a audácia ímpia como a sua estirpe,

destino negro de mil gerações.
Nos lares mais discretos, todavia,
pode a justiça cintilar constante
enaltecendo a existência simples;
dos palácios dourados onde existem mãos
impuras ela se retira rápida,
olhando para onde houver pureza,
indiferente à força da riqueza
e às suas glórias feitas de ilusões.
E guia tudo para o termo certo.

(À frente de um grande cortejo aparece AGAMÊMNON*, num carro aberto puxado por soldados; atrás, num carro menor, também de pé, vê-se* CASSANDRA*. Quando os carros param, os* ANCIÃOS *do* CORO *se curvam reverentemente.)*

CORO

Salve meu rei, filho de Atreu, herói de Troia!
Nas homenagens justas que te rendo
procuro resistir à tentação de excessos
mas não desejo aparentar frieza.
Alguns mortais apenas cuidam de aparências
e não se cingem à conveniência.
Dirigem quase todos aos infortunados
olhares de piedade simulada,
mas o aguilhão do verdadeiro sentimento
não chega ao coração; porém se a hora
é de compartilhar honestas alegrias
fingem sentir um júbilo real
impondo ao rosto indiferente falso riso.
Ao homem mais vivido, todavia,
conhecedor de sua grei, de seus amigos,
jamais iludirão as aparências;
verá nos corações forçadamente alegres
a hipocrisia da afeição fictícia.
Em tempos já passados, quando organizavas
a expedição para buscar Helena,
não nego que me pareceste um insensato
e tíbio no timão de tua mente,
disposto a imolar guerreiros valorosos
na tentativa de recuperar

aquela criatura sem pudor algum!
Hoje, porém, falo com o coração
e como amigo verdadeiro eu ofereço
aos vencedores meu devotamento.
Se quiseres saber descobrirás com o tempo
quem foi leal contigo ou desleal
entre os argivos que ficaram por aqui.

(Abrem-se as portas do palácio e aparece Clitemnestra, *seguida por numerosas criadas, detendo-se nos degraus da escada.)*

Agamêmnon

(Ainda de pé no carro.)

Dirijo minha saudação inicial
à terra argiva e aos benevolentes deuses
aos quais sou devedor da graça do regresso,
e por me terem permitido impor a Troia
a justa punição de uma total derrota.
Indiferentes às arengas arrastadas
e à réplica pouco sincera dos culpados,
em gesto unânime os deuses depositaram
seu veredicto na urna sanguinolenta:
"pereça Ílion, seja destruída Ílion"!
A urna do perdão permaneceu vazia;
os votos da esperança não apareceram.
Até agora o negro fumo dos incêndios
é testemunha da destruição de Troia;
ainda sopram as rajadas do castigo,
e sobe aos céus, das brasas meio consumidas,
o odor de uma opulência reduzida a cinzas.
Por esses fatos temos de testemunhar
contritamente nossa gratidão aos deuses.
Levamos à cidade as penas da vingança;
a luta por uma mulher lhe trouxe a ruína
vinda do monstro argivo, do cavalo enorme[19]
em cujo bojo estavam os soldados prontos,
irresistíveis no ataque final a Troia
quando as brilhantes Plêiades já declinavam;
buscando carne humana em todos os redutos
o régio leão saciou-se de sangue.

(Voltando-se para o ANCIÃO *que o saudara.)*

Foi para as divindades esse longo exórdio.
E quanto à tua observação, que ouvi de ti
e guardo na memória, concordo contigo
e tens em mim um defensor; há poucos homens
capazes de encarar com naturalidade
a boa sorte de um amigo, sem inveja,
pois o veneno da malevolência vence
e toma posse da alma e dobra as amarguras
dos torturados pelo sórdido despeito
diante da visão da ventura dos outros
em nítido contraste com a má sorte própria.
Sei distinguir uma amizade verdadeira
da falsa, e chamo de simulação de sombras
a hipocrisia dos amigos na aparência.
Apenas Odisseu, que nos acompanhou[20]
a contragosto, tendo de enfrentar a luta
mostrou-se companheiro certo e dedicado;
esteja ele vivo ou morto, foi assim.
Quanto ao restante, a respeito desta cidade
e dos bons deuses, anunciem-se assembleias
e logo delibere-se em debates públicos.
Se tudo corre bem devemos ter cuidado
a fim de que tenha sequência a boa sorte,
mas onde houver necessidade de remédio
livremo-nos das consequências da doença
cauterizando e extirpando o que vai mal.
Em breve transporei os sólidos umbrais
de meu palácio e lar, prestando de antemão
tributo aos deuses que me trazem de regresso
guiando-me de muito longe. E que a vitória
permaneça comigo para todo o sempre!

*(*CLITEMNESTRA *retoma a marcha em direção a* AGAMÊMNON*, seguida por criadas trazendo longas passadeiras cor de púrpura. Para a certa distância de* AGAMÊMNON.*)*

CLITEMNESTRA

Concidadãos argivos venerabilíssimos
aqui presentes, não me sinto envergonhada

de confessar em vossa varonil presença
minha amorosa impaciência muito longa;
desfaz-se a timidez com o perpassar do tempo.
Por própria e dura experiência falarei
de minha insuportável vida solitária
durante a estada interminável deste homem
ao pé dos altos muros de Troia antiquíssima.
Primeiro, é uma angústia desesperadora
permanecer a esposa desacompanhada
no lar vazio, separada do marido,
ouvindo maus prognósticos seguidamente
e recebendo, apreensiva, informações
reveladoras de reveses repetidos,
que tem de transmitir ao povo receoso.
Houvesse este homem sido mesmo vítima
dos ferimentos todos que nos relataram
mais furos haveria em seu corpo forte
que malhas numa rede grande; tivesse ele
morrido tantas vezes quantas me disseram,
então, sem exagero, ele teria tido
três corpos como Geríon e poderia[21]
vangloriar-se de seu corpo recoberto
por manto tríplice de terra, muita terra
— morte distinta para cada um dos corpos.
Tais eram os rumores maus, exasperantes,
que me traziam desespero (muitas vezes
servas atentas afrouxaram de meu colo
sinistros, tensos laços de cordas pendentes).
Por isso e nada mais Orestes, nosso filho,[22]
depositário de nossa esperança única,
não se acha mais comigo, como fora próprio.
Não te pareça estranha sua ausência agora;
amigo certo cuida dele com desvelo
— o bom foceu Estrófio, que me pôs a par
de perspectivas duplamente perigosas —:
os riscos teus na longa luta lá em Troia
e a presumível rebeldia aqui do povo,
capaz de pôr abaixo um dia o fiel Conselho
que sustentava teu prestígio, pois bem sabes
que os homens tripudiam sobre os derrotados.
Tais previsões me pareceram verossímeis.
Falando agora um pouco mais de minhas mágoas,

secou a fonte copiosa de meu pranto
e não me resta uma só lágrima a chorar.
Ardiam os meus olhos em intermináveis
vigílias lamentosas, na dilacerante
expectativa de não ver aparecerem
lá no horizonte tantas vezes contemplado
as chamas das fogueiras que não se acendiam.
E muitas vezes o zumbido malsoante
de algum mosquito despertava-me de sonhos
repletos de terríveis sofrimentos teus,
demasiados para sono tão fugaz.
Hoje, porém, com o coração aliviado
enfim de tanta e tão cruel ansiedade,
saúdo neste homem o mastim fiel
que guarda bem o seu rebanho; o arrimo firme,
a salvação das naves; a coluna mestra,
o sustentáculo do teto alto e sólido;
o filho único de pai muito querente,[23]
a terra firme divisada pelo nauta
desesperado e ansioso por salvar-se;
aurora límpida após noite tormentosa
e fonte fresca para o viajor sedento
(é doce ver-nos livres de males ingentes...).
São merecidos todos esses elogios.
Fique o despeito amargo bem distanciado,
pois muitos sofrimentos suportamos antes.
Agora, criatura amada, sai depressa
do carro em que vieste; não, não deves pôr
no chão os mesmos pés que devastaram Troia!

(Dirigindo-se às criadas.)

Qual a razão de tal demora, servas lerdas?
Pois não mandei atapetar o chão ao longo
da via que meu rei vai percorrer agora?
Depressa! Quero ver imediatamente
em seu percurso bela trilha cor de púrpura!
A justa mão dos deuses vai encaminhá-lo
à casa que tão cedo não pensava em ver.[24]
Do resto cuidará, com o favor divino,
um ânimo que não se entrega nem ao sono,
obediente às leis exatas do destino.[25]

(As criadas estendem o tapete cor de púrpura desde o carro em que está AGAMÊMNON *até os degraus de acesso ao palácio real.)*

AGAMÊMNON

(Ainda no carro.)

Filha de Leda, guardiã de minha casa![26]
A tua fala se assemelha à minha ausência:
quiseste-a excessivamente prolongada.
Os elogios, mesmo quando merecidos,
a outros convirá dizê-los, não a nós.
Ainda mais: não quero que me envolvas hoje
em luxos próprios de mulheres, nem me acolhas
prostrada e boquiaberta como me apareces
pois não estás diante de algum ser exótico;
não deves pôr ressentimento em meu caminho
ornando-o com tapeçarias suntuosas.
Tais honrarias cabem só a divindades;
sendo mortal, não vou poder pisar agora
tapetes requintados sem justos receios.
Deves honrar em mim um homem, não um deus.
Tecidos luxuosos e tapetes simples
são coisas diferentes desde o próprio nome
e o dom do céu mais precioso é a prudência.
Só é feliz de fato o homem cuja vida
transcorre até o fim serenamente próspera.
Enquanto assim pensar terei mais confiança.

CLITEMNESTRA

Revela francamente os teus reais propósitos.

AGAMÊMNON

Os meus propósitos já foram revelados.

CLITEMNESTRA

Juraste aos deuses, em perigo, ser modesto?

AGAMÊMNON

Se agi assim, moveu-me boa inspiração.

CLITEMNESTRA

Se vencedor, que pensas que faria Príamo?

AGAMÊMNON

Decerto marcharia sobre teus tapetes.

CLITEMNESTRA

Não deves, pois, temer que os homens te censurem.

AGAMÊMNON

É muito forte o julgamento popular.

CLITEMNESTRA

Só não existe inveja se não há valor.

AGAMÊMNON

As mulheres não devem sustentar querelas!

CLITEMNESTRA

Também os fortes podem dar-se por vencidos...

AGAMÊMNON

Desejas ser a vencedora no debate?

CLITEMNESTRA

Confia em mim e condescende na vitória!...

AGAMÊMNON

Se pensas desse modo manda então, depressa,

alguém para tirar-me estas sandálias, servas
da marcha de meus pés; durante meu trajeto
por cima deste rico adorno cor de púrpura
não vá o olhar de algum dos deuses, ressentido,
notar-me lá do alto; não desejo ver
a ruína desta casa pela vaidade
de ter calcado sob os pés suntuosos panos.
E basta quanto a isso.

(Apontando Cassandra*, de pé no carro atrás de* Agamêmnon*.)*

Cuida gentilmente
daquela jovem estrangeira no palácio;
os deuses todo-poderosos das alturas
são mais benévolos com o vencedor magnânimo.
Ninguém aceita o cativeiro de bom grado.
A mais formosa flor entre as troianas todas
faz parte de meu séquito; foi um presente
oferecido por todos os meus guerreiros.
Já que depois de ouvir-te resolvi ceder
a teu pedido, vou entrar em meu palácio
pisando em púrpura, se isso te contenta.

(Avançam duas criadas que tiram as sandálias de Agamêmnon*.)*

Clitemnestra

Existe o mar inesgotável produzindo
ininterruptamente a preciosa púrpura
com que se poderão tingir outros tapetes
de que dispomos, meu senhor, em quantidade;
palácios não admitem vis limitações.
Teria oferecido em minhas longas preces
muitíssimos estofos para pôr-te aos pés
se me mandassem os oráculos fatais
em tua ausência, quando de qualquer maneira
pedia a graça de te ver chegar com vida.
Sabia eu que enquanto há seiva na raiz
renascem folhas abundantes, que protegem
a casa da canícula com sua sombra.
Por isso, quando voltas para a intimidade
do lar, comparas-te ao retorno do verão

em pleno inverno; nesses dias em que Zeus
nos dá o vinho feito das uvas mais ácidas,
se o ar se torna ameno repentinamente
é que o senhor, o tipo acabado do homem,[27]
retorna e vê findarem os seus sofrimentos.
Zeus! Zeus perfeito! Quero que perfaças hoje
os meus desígnios! Cuida, então, com todo o empenho
da obra em curso se pretendes perfazê-la!

(AGAMÊMNON desce do carro e começa a caminhar sobre a passadeira que as criadas haviam colocado no percurso desde o carro até os degraus de acesso ao palácio. CLITEMNESTRA segue-o juntamente com as criadas. Todos se prosternam à passagem do rei. Após a entrada de AGAMÊMNON, de CLITEMNESTRA e das criadas, fecham-se as portas do palácio. CASSANDRA permanece de pé, imóvel, absorta, no carro em que estava.)

CORO

Por que volteja tanto esse terror
em torno de meu coração profético?
Por que insiste assim em vaticínios
meu canto inevitável, espontâneo?
Por que não vem a desejada paz
confortadora e não ocupa logo
o trono vacilante de meu ânimo,
livrando-o desse inexplicável pânico?
Passou o longo tempo em que as amarras
das naves se cobriam de poeira
nas vizinhanças da difícil Troia.
Meus próprios olhos veem o regresso
e deles não iria duvidar,
mas inda assim minh'alma em sobressalto
e transbordante dessa inspiração,
mesmo sem lira entoa o hino lúgubre
das Fúrias vingadoras e descrê
da tranquilizadora expectativa.
Motivos haverá para que eu sinta
o coração a palpitar frenético,
quase saltando, delirantemente,
no peito onde há o instinto da justiça
e o dom divino dos presságios certos?

Desejo que jamais se concretize
a minha desvairada apreensão.
Saúde exuberante não perdura
indefinidamente; uma doença,
vizinha atenta, aguarda sua hora.
Da mesma forma a fortuna dos homens
em sua marcha cega, inexorável,
choca-se um dia contra oculta rocha;
somente se em manobra sábia um pouco
da carga preciosa é posta fora
a nau é salva, salva-se uma parte
(a casa não soçobra inteiramente,
embora carregada de aflições).[28]
Os muitos generosos dons de Zeus
e as sementeiras ânuas sempre vencem
a fome; se, porém, o sangue negro
— sinal veraz de morte violenta —
um dia se derrama e molha a terra,
nem mesmo com magia da mais forte
poder-se-á fazê-lo reverter.
Comenta-se que em tempos remotíssimos
havia quem ressuscitasse mortos,[29]
mas Zeus com seu poder exterminou-o
deixando os homens sem vãs esperanças.
Se a cada fado não contrapusessem[30]
os deuses outro fado, o coração
me obrigaria a ser mais eloquente,
pois ele agora freme na penumbra,
amargurado, desesperançado
de ver surgir na mente incendiada
qualquer ideia mais esclarecida.

(Reabrem-se as portas do palácio; reaparece CLITEMNESTRA *que, dos degraus, se dirige a* CASSANDRA*, ainda imóvel no carro.)*

CLITEMNESTRA

Vem logo para dentro, tu também, Cassandra
— ordeno, pois o todo-poderoso Zeus
mandou-te compartir sem mágoa e sem rancor
a água purificadora desta casa,
na qual tu poderás morar em convivência

com muitos servos, não longe do altar dos deuses,
guardiães fiéis de nossos incontáveis bens.

(CASSANDRA continua imóvel no carro.)

Não sejas orgulhosa! Desce já do carro!
O próprio filho da divina Alcmene — sabes[31] —
em tempos idos foi vendido como escravo
e teve de comer o pão do cativeiro.
Se tal destino alguém tiver de suportar,
não é pequena a graça de ficar submisso
a nobres donos, de fortuna muito antiga;
os novos ricos são cruéis com seus escravos,
em tudo, sempre e sem qualquer comedimento.
Terás de nós o habitual nessa emergência.

(CASSANDRA permanece no carro, em silêncio, como se não tivesse ouvido CLITEMNESTRA.)

CORIFEU

(Dirigindo-se a CASSANDRA.)

São para ti, Cassandra, essas palavras claras
que ela termina de dizer. Se te marcou
destino amargo, só te resta obedecer,
se sabes ser obediente (mas duvido
e creio mesmo que não obedecerás).[32]

CLITEMNESTRA

Se ela não fala em sua terra língua exótica
como a dos bárbaros, vou tentar expressar-me
de acordo com seu ânimo e a tornarei
obediente aos mandamentos da razão.

(CASSANDRA continua silenciosa.)

CORIFEU

Vai logo! Já não tens direito de escolher;
o que ela diz é mais conveniente e certo.
Atende e desce prontamente de onde estás!

CLITEMNESTRA

Não vou desperdiçar meu tempo aqui com ela.
Estão lá dentro, junto ao fogo aceso, as vítimas
selecionadas, prontas para o sacrifício
(já não contávamos com a graça do retorno);
e tu, se queres ter a tua parte nele,[33]
procura andar depressa; se não és capaz
de compreender-me e não dás conta do que digo,[34]
faze com as mãos exóticas um simples gesto!

CORIFEU

Parece que a estrangeira tem necessidade
de algum intérprete, e bastante perspicaz;
comporta-se a infeliz como animal selvagem
recém-cativo, inconformado com as amarras.

CLITEMNESTRA

(Exasperada.)

Não é apenas isso! Parece demente
e desvairada, sem perceber o que é:
troféu de guerra, vinda de terra vencida
há pouco e saqueada, relutante ao jugo
até que exale junta com sangrenta espuma
toda a sua indocilidade impertinente!

(CLITEMNESTRA afasta-se precipitadamente e volta ao palácio.)

CORIFEU

Eu, todavia, não me sinto exasperado,
pois tenho pena dela. Vai, desventurada!
Apeia deste carro! Cede ao teu destino!
Recebe pela vez primeira o jugo duro!

(CASSANDRA desce do carro e, entre soluços, fala em tom lastimoso a princípio e depois exaltado, como se estivesse em transe.)

CASSANDRA

Ai! Apolo! Apolo!

CORIFEU

Por que invocas entre lágrimas Apolo?

CASSANDRA

Ai! Apolo! Apolo!

CORIFEU

Invocas outra vez, no mesmo tom sinistro,
o deus que nada tem a ver com pranto e dor.

CASSANDRA

Apolo! Apolo dos caminhos! Perco-me!
Perdeste-me, cruel, mais uma vez![35]

CORIFEU

Ela parece adivinhar os próprios males;
é certo que os cativos têm o dom profético.

CASSANDRA

Apolo! Apolo dos caminhos! Perco-me!
Por onde me encaminhas? A que lar?[36]

CORIFEU

À casa dos Atridas; se não percebeste,
é hora de saber; e não dirás que minto.

CASSANDRA

Sim, detestada pelos deuses, cúmplice
de numerosas decapitações,
de fratricídios estarrecedores,
ensanguentado matadouro de homens!

CORIFEU

Essa estrangeira mais parece um cão de caça
a farejar; a trilha há de levá-la a mortes.

CASSANDRA

(Apontando e olhando fixamente o chão.)

Aqui está uma evidência tétrica!
Crianças choram, os cutelos matam-nas
e o próprio pai devora-lhes as carnes!

CORIFEU

É difundida a fama de teus vaticínios,
mas não necessitamos de qualquer profeta.

CASSANDRA

Ai! Ai de mim! Que se prepara agora?
Que insólitos, enormes sofrimentos,
e enormes males se tramam aqui,[37]
insuportáveis para meus amigos?
E como ainda está distante a ajuda...[38]

CORIFEU

Não decifrei as derradeiras profecias,
mas entendi as expressões iniciais,
assunto invariável de toda a cidade.

CASSANDRA

Ah! Miserável! Até isso ousas?
Banhando teu esposo e companheiro...
(não posso... como descrever o fim?).
Veremos logo; e mão ajuda mão
a levantar-se, pronta para o golpe.

CORIFEU

Não posso ainda perceber, pois dos enigmas

descambas para ditos dúbios e sombrios
e fico pasmo sem saber o que pensar.

CASSANDRA

Oh! Que visão é essa? Uma mortalha?
Não! Não! O véu fatal que julgo ver[39]
vem dela, companheira de seu leito
e cúmplice do crime. Vocifera
o bando furioso que persegue[40]
ainda e sempre essa eminente raça;
com gritos rituais festeja o feito
que só a mais severa pena pune!

CORIFEU

Por que lembrar agora as Fúrias vingadoras?
Tuas palavras deixam-me sobressaltado.

CORO

Sobe de súbito ao meu coração
o sangue já sem cor, como se fora
de golpe por onde se esvai a vida
na hora de chegar a morte célere.

CASSANDRA

Ah! Vede! Vede! A vaca vence o touro!
Envolve-o em seu véu insidioso
e pelos cornos negros o domina!
Descrevo a traição mortal de um banho![41]

CORIFEU

Embora não me julgue intérprete atilado
de profecias, nestas antevejo males.

CORO

Jamais as profecias comunicam
mensagens agradáveis aos mortais;

os palavrosos dons oraculares
sugerem desventura e causam medo.

CASSANDRA

Ai! Infeliz de mim! Destino atroz!
É a torrente de meu sofrimento
que soluçando ponho nas palavras!
Por que me conduziste até aqui?
Para morrermos juntos? Ai!... Por quê?

CORO

Estás alucinada e certamente
alguma divindade te domina;
entoas um canto desencantado,[42]
tal como o pardo rouxinol tristonho
chorando interminavelmente "Ítis",[43]
"Ítis", por toda a desolada vida.

CASSANDRA

Destino do sonoro rouxinol!
Deram-lhe os deuses o dom de voar;
a vida não lhe pesa, nem o pranto;
e a mim me espera a espada de dois gumes
que sinto já em volta do pescoço.

CORO

Não cessam as lamentações proféticas,
às vezes ditas com suavidade,
às vezes proferidas entre gritos.
Por que a trilha de teus vaticínios
é cheia de sinistras previsões?

CASSANDRA

Ah!... Bodas... Bodas trágicas de Páris,
completa perdição de todo um povo!...
Ah!... Escamandro onde bebia Troia...[44]
Em teus barrancos (infeliz de mim!...)

outrora fui criada com desvelo,
e agora? Irei cantar daqui a pouco
as minhas profecias verdadeiras
ao longo do Cocito e do Aqueronte![45]

CORO

É claro o teu oráculo; percebo-o
(até crianças o decifrariam);
imensa dor e pena me comovem
ao discernir o teu destino adverso;
teus gritos ferem-me profundamente.

CASSANDRA

Ah!... Penas... Penas de minha cidade
definitivamente destruída!...
Meu pai! Ah!... Quantas vezes receberam
os deuses generosas oferendas
de muitas reses que sacrificavas
em seus altares!... Tudo foi inútil
e Troia pereceu da mesma forma;
eu mesma vejo, em delírio febril,
chegar a hora de cair por terra.

CORO

Enquadra-se nos outros vaticínios
a predição do fado que te espera.
Decerto algum espírito maligno
desceu pesadamente sobre ti
e te constrange a derramar as lágrimas
predecessoras da terrível morte.

CASSANDRA

(Em tom mais sereno.)

Agora basta. Vamos! Minha profecia
não mais se mostrará envolta em véus sutis,
como aparecem as recém-casadas tímidas,
mas clara qual rajada fresca, sussurrante,

na madrugada quando vem surgindo o sol
— onda diáfana aspirando a envolvê-lo.
Vai atingir-me agora o mal maior de todos.
Não mais vos estarrecerei com meus enigmas
e sabereis que, recuando nos caminhos,
farejo as marcas de homicídios antiquíssimos.
De baixo deste teto nunca se afastou
um coro uníssono mas não harmonioso:[46]
em tudo que ele canta nada há de bom.
Provando sangue humano, que o torna pior,
um bando ruidoso ronda este palácio
ininterruptamente: são as rubras Fúrias,
as implacáveis sanguessugas desta raça.
Enraizadas em recônditos recessos,
estão cantando o canto do primeiro crime;[47]
depois amaldiçoam o leito fraterno[48]
lançando imprecações a quem o maculou.
Estou errada, ou como archeiro competente
plantei certeira flecha no visado alvo?
Sou falsa profetisa, das que vão bradando
de porta em porta?

(Dirigindo-se ao CORIFEU.*)*

Jura! Quero que confirmes
as minhas alusões aos crimes desta casa!

CORIFEU

A afirmação do juramento mais solene
poderia curar tantos, tão grandes males?
É de pasmar, porém, que vinda de tão longe,
lá do outro lado do oceano imenso, saibas
tão bem de certos velhos fatos ocorridos
em um país remoto como quem os viu.

CASSANDRA

Apolo, deus-profeta, deu-me a sua força.

CORIFEU

Então o deus te desejou, a ti, mortal?

CASSANDRA

Até agora tive pejo de dizê-lo.

CORIFEU

Nos dias venturosos somos susceptíveis.

CASSANDRA

Não foi sem luta que me conquistou o deus
resfolegante de incontido, ardente amor.

CORIFEU

Os ritos amorosos foram praticados?

CASSANDRA

Não, muito embora eu prometesse ao deus.[49]

CORIFEU

Antes exercitaste esse teu dom profético?

CASSANDRA

Vaticinei a meus concidadãos troianos
os males e desastres que os arruinariam.

CORIFEU

E não te perseguiu a cólera de Apolo?

CASSANDRA

Depois que o enganei, fugindo a seus desejos,
não mais se dava crédito a meus vaticínios.

CORIFEU

Mas tuas profecias já nos convenceram.

CASSANDRA

(Novamente agitada.)

Ai! Ai de mim! Desgraça! Torna a dominar-me
o torvo turbilhão dos ímpetos proféticos
alucinando-me com seu refrão horrível!
Estais também agora vendo junto à porta
frágeis figuras infantis fantasmagóricas
iguais a formas espectrais em pesadelos?
Parecem criancinhas mortas por aqueles
que deveriam dedicar-lhes todo o amor!
As mãos repletas de sanguinolenta carne
— da própria carne (ai! confrangedora carga...) —,
entranhas, vísceras que um monstruoso pai
ousou, infame, aproximar de sua boca!
Prevejo e vos declaro que um leão covarde[50]
lá dentro premedita, no seu próprio leito,
vingança insidiosa contra meu senhor
que volta (ai de mim... terei de suportar
por toda a vida o jugo da subserviência...).
O comandante de incontáveis naus guerreiras,
destruidor de Ílion, não percebe ainda
os golpes assassinos que a cadela odiosa
sordidamente lhe prepara, bajulando-o,
com língua hipócrita e contentamento falso
— flagelo traiçoeiro com desígnios torpes
que o fado inelutável torna realidade.
Audácia enorme! A fêmea mata o próprio macho!
A que bifronte monstro repugnante, víbora
ou Cila moradora em rochedos ocultos,[51]
desolação de infortunados marinheiros,
irei pedir o mais horripilante nome,
conforme a essa mãe do inferno, furiosa,
resfolegando a destruição de sua gente?
E o grito de triunfo da mais que atrevida,
como se fosse a vencedora de um combate!
Fingindo júbilo diante do regresso!
Se me dão crédito, ou se não, é indiferente.
Que importa? O que tiver de acontecer virá.

(Dirigindo-se ao CORIFEU.)

Tu mesmo, aqui presente, dentro de momentos,
hás de reconhecer em mim, horrorizado,
a profetisa verdadeira até demais!

CORIFEU

Sei que falaste do banquete de Tiestes
e estremeci ouvindo a verdade total;
domina-me o terror que disfarçar não posso;
mas quanto às outras alusões estou em dúvida;
não consegui acompanhar-te em teu caminho.

CASSANDRA

Verás — confirmo agora — a morte de Agamêmnon.

CORIFEU

Ah! Infeliz!... Ou fala bem, ou cerra os lábios!

CASSANDRA

Não há remédio para as minhas predições.

CORIFEU

Se for destino, mas desejo que não seja.

CASSANDRA

Formulas preces; outros cuidam de matar.

CORIFEU

Que homem se dispõe a praticar o crime?

CASSANDRA

Sem dúvida te foge a minha profecia!

CORIFEU

Decerto; não percebo planos criminosos.

CASSANDRA

Eu, todavia, falo bem a língua helênica.

CORIFEU

Também a pitonisa, que ninguém entende.

CASSANDRA

Ah! Quanto fogo (quanto!) avança para mim!
Meu Deus! Apolo Lício! Ai!... E eu? E eu?[52]
Pois a leoa de dois pés, unida ao lobo
na ausência do leão feroz, matar-me-á.
Ai! Infeliz de mim! Na taça de veneno
que manipula já está a minha parte.
Com o pérfido punhal que afia vai vingar-se
do esposo inerme apenas por me haver trazido
com ele, misturada aos seus troféus de guerra.
Por que razão conservo ainda este meu cetro
e em volta do pescoço este colar profético?[53]
Por que escarnecer agora de mim mesma?

(CASSANDRA parte o cetro e arranca o colar de seu pescoço.)

Ao menos isso não me sobreviverá!
Desapareçam! Vingo-me despedaçando-os!
Sirvam a outros tais insígnias, não a mim!
Não estais vendo? Apolo me despoja hoje
de meu profético aparato, agora inútil;
vestida nessas mesmas roupas, humilhada,
escarnecida por amigos e inimigos
unânimes, igual a charlatã sem rumo
sou maltratada qual mendiga maltrapilha!
E quantas outras provações já suportei...
A morte é o desenlace a que o deus profeta
destina a profetisa que antes inspirou.
Em vez do altar de meu augusto pai, aguarda-me
um cepo de patíbulo todo vermelho
do sangue borbulhante de outros sacrifícios.
Mas não há morte sem vingança de algum deus.
Virá um dia mais um vingador — o nosso [53a] —

nascido para exterminar a própria mãe
e castigar a morte inglória de seu pai.
Um exilado errante, expulso desta terra,
regressará para assentar a pedra última
neste edifício das inúmeras desgraças
impostas a esta raça antigamente próspera.
Um juramento foi solenemente feito
e confirmado pelos deuses inflexíveis:
há de o paterno apelo ingente, cedo ou tarde,
fazê-lo retornar inevitavelmente.
Por que fazer ouvir ainda a minha voz
pungentemente lamentosa? Vi primeiro
o fim de minha Troia, toda destruída,
e agora seus captores, por divino mando,
estão chegando a esse desenlace triste.
Aceitarei o meu destino com firmeza;
serei valente ao enfrentar a morte certa!
Jorre o meu sangue de certeiro golpe, e rápido,
e a doce morte, sem espasmos e agonia,
venha fechar-me os olhos na hora final!

CORIFEU

Falaste longamente, mulher infeliz,
e foste bem sensata; mas se na verdade
a própria morte já prevês, por que enfrentas
o sacrifício com tanta resignação
que mais pareces dócil, plácida novilha
votada como de costume ao holocausto?

CASSANDRA

Não vejo salvação... Estrangeiros, é tempo...

CORIFEU

Mas vale muito, creio, a hora derradeira.

CASSANDRA

Chegou a hora... Lutas não me salvarão...

CORIFEU

És corajosa! Não te abate a desventura.

CASSANDRA

Tais elogios não ouve quem é feliz...

CORIFEU

Mas é um mérito enfrentar assim a morte.

CASSANDRA

Pobre de ti, meu pai, e de teus nobres filhos!...

*(*CASSANDRA *faz menção de entrar no palácio, mas recua com uma expressão de horror.)*

CORIFEU

Que há? Por que recuas aterrorizada?

CASSANDRA

Ai!... Ai!...

CORIFEU

Por que gemidos? Só se há em tua mente
alguma imagem monstruosa que não vemos.

CASSANDRA

Odor de sangue e morte sai deste palácio!

CORIFEU

São vítimas sacrificadas nos altares...

CASSANDRA

Parecem as exalações de sepulturas!

CORIFEU

Não sabes que em palácios há incensos sírios?

CASSANDRA

É meu destino... Vou, então, chorar lá dentro
por mim, por Agamêmnon... Basta desta vida!

(CASSANDRA encaminha-se novamente para o palácio, mas torna a recuar.)

Ai, estrangeiros!... Não recuo sem motivos
como se fosse frágil pássaro medroso.
Apenas peço-vos que após meu triste fim
testemunheis no dia predeterminado
a morte aqui por mim, mulher, de outra mulher
e o mesmo fim de um homem para desagravo
de outro homem morto agora pela própria esposa.
É esta a minha súplica na hora extrema.

CORIFEU

Ah! Infeliz!... Lamento a sina que prevês...

CASSANDRA

É meu desejo ainda declarar-vos algo.
Não vou agora começar um canto fúnebre;
imploro ao Sol, diante desta luz mortiça,
que dê aos inimigos fim igual ao meu,
aos assassinos de uma escrava, presa fácil.
É triste e sem remédio a sorte dos mortais...
Esboça-se a ventura em traços imprecisos;
os males chegam logo, como esponja úmida,
e num instante apagam para sempre o quadro.

(Entrando no palácio.)

É isso que me faz sofrer ainda mais!

CORO

Ninguém se cansa da prosperidade.
Não lhe resistem nunca as criaturas
nem se adiantam a fechar-lhe as portas
bradando, o dedo em riste: "Não penetres!"
Os deuses concederam a Agamêmnon
apoderar-se da famosa Troia
e regressar honrado pelos céus;
mas se hoje deverá pagar o sangue
por outros antes dele derramado
e pelos mortos hoje vai morrer
acarretando mortes no futuro,[54]
qual dos mortais, diante destes fatos,
pode gabar-se de ter vindo ao mundo
com um destino isento de tristezas?

(Ouve-se um grito no interior do palácio.)

AGAMÊMNON

(De dentro do palácio.)

Ai que me matam!... Fui ferido mortalmente!

CORIFEU

Silêncio! Quem grita, ferido por golpe mortal?[55]

AGAMÊMNON

Ai! Novamente! Ferem-me mais uma vez!

CORIFEU

Consuma-se o crime! Distingo os soluços do rei;
unamo-nos todos, amigos, e deliberemos!

(Os ANCIÃOS do CORO opinam sucessivamente.)

1º ANCIÃO

Num átimo vos digo a minha opinião:
chamemos já o povo e vamos ao palácio!

2º ANCIÃO

Ajamos neste instante! Ataquemos agora
enquanto alguém empunha a espada ensanguentada!

3º ANCIÃO

É esta justamente a minha convicção;
não temos tempo para vãs divagações!

4º ANCIÃO

Vejamos; pode ser apenas o prenúncio
de planos que nos levarão à tirania...

5º ANCIÃO

... porque estamos indecisos! Eles agem
e não se dão ao luxo tolo de hesitar!

6º ANCIÃO

Não sei o que fazer em tal situação,
mas antes de atuar convém deliberar.

7º ANCIÃO

Essa também é minha ideia, pois os mortos
não podem ser ressuscitados com palavras.

8º ANCIÃO

O quê? Apenas por cuidar de nossas vidas
cedemos ante a usurpação abominável?

9º ANCIÃO

De modo algum! Melhor seria então morrer!

A tirania é mal pior que a própria morte!

10º ANCIÃO

E nós aqui, apenas por ouvir gemidos
iremos afirmar que há um homem morto?

11º ANCIÃO

Devemos ter certeza antes de revoltar-nos;
conjecturar e ver são coisas diferentes.

12º ANCIÃO

Meu voto é a favor desta ponderação;
certifiquemo-nos da sorte de Agamêmnon.

(Os ANCIÃOS fazem menção de marchar em direção ao palácio. Abrem-se as portas. Os ANCIÃOS param. Veem-se no interior os corpos de AGAMÊMNON e de CASSANDRA, estirados no chão e cobertos com panos. Ao lado dos cadáveres, em pé, CLITEMNESTRA, com o rosto e as mãos manchados de sangue. Os ANCIÃOS entram no palácio, para cujo vestíbulo, onde estão os cadáveres, a cena se transfere.)

CLITEMNESTRA

(Dirigindo-se aos ANCIÃOS.)

Palavras numerosas disse-vos há pouco,
ditadas obviamente pelas circunstâncias,
e não me pejo de contradizer-me agora;
de outra maneira, como poderia alguém,
premeditando destruir um inimigo
e tendo de fingir desnorteante apreço,
dissimular o véu diáfano, envolvente,
de uma cilada certa, sem qualquer saída,
mantendo-o bem distante de olhos indiscretos?
Contemplo enfim o resultado favorável
de planos pacientemente preparados.
Estou aqui exatamente no lugar
em que seguida e firmemente o golpeei
no cumprimento de missão apenas minha.

Os fatos foram estes, não irei negá-los:
a fim de obstar qualquer defesa ou reação
em tentativa de fugir ao seu destino,
emaranhei-o numa rede indestrutível
igual às manejadas pelos pescadores,
mas para ele um manto fértil em desgraças;
então feri-o duas vezes e seus membros
depois de dois gemidos imobilizaram-se.
Embora o visse já tombado, inanimado,
ainda o golpeei pela terceira vez,
em oferenda ao grande Zeus das profundezas,
senhor dos mortos; estendido ali no chão,
a vida se lhe foi no último suspiro
cortado por golfadas de sangue abundante
que me molhou com suas gotas cor de púrpura,
mais agradáveis para mim que a própria chuva
mandada pelos deuses para a terra ávida
na época em que as flores todas desabrocham.
Argivos veneráveis, tudo vos foi dito;
se ainda tendes alegria, alegrai-vos.
Exulto com meu ato, se quereis saber,
e se me parecesse até conveniente
naquele instante derramar sobre o cadáver
sagradas libações, seria muito justo,
justíssimo seria meu procedimento;
se este homem fez a taça transbordar
das maldições inumeráveis desta casa,
é natural que a sorva hoje de um só trago!

CORIFEU

É de pasmar essa linguagem afrontosa!
Vangloriar-se de matar o próprio esposo!...

CLITEMNESTRA

Pretendes pôr à prova os sentimentos meus
como se eu fosse uma mulher desatinada;
estou falando claro, o coração impávido;
entenda-me quem for capaz; e quanto a ti,
se me censuras ou me louvas tanto faz.
Quem jaz aí é Agamêmnon, meu esposo,

morto por obra desta minha mão direita,
guiada só pela justiça; tenho dito.

CORO

Mulher! Que erva má terás provado,
criada pela terra, ou beberagem
das ondas agitadas te infundiu
tanta ousadia para tal delito
e para fazer frente à maldição
pronunciada pela gente argiva?
Tu o traíste, tu o golpeaste!
Serás banida, viverás sem pátria,
alvo do ódio unânime do povo!

CLITEMNESTRA

Agora me condenam ao amargo exílio,
ao ódio da cidade, à maldição do povo,
mas contra este homem nada foi falado.
No entanto ele, sem escrúpulos, sem dó,
indiferentemente, como se lidasse
com algum irracional (e havia numerosos
em seus velosos, cuidadíssimos rebanhos),
sacrificou a sua própria filha — e minha —,
a mais querida que saiu deste meu ventre,
apenas para bajular os ventos trácios!
Não era esse pai cruel quem merecia
ter sido desterrado, expulso deste solo
em retribuição ao crime inominável?
Comigo sois severos; quero prevenir-vos
diante das presentes ameaças vossas;
se fordes vencedores não hesitarei
em submeter-me humildemente às vossas mãos.
Mas se o contrário for mandado pelos deuses
embora tarde aprendereis a ser prudentes!

CORO

És arrogante em todas as palavras
e vociferas insensatamente.
Tão desvairado está o teu espírito
que ostentas como se fosse um adorno
o sangue que te mancha ainda o rosto!

Repudiada até pelos amigos,
terás o fim que deste a teu esposo!

CLITEMNESTRA

Ouvi também a minha decisão jurada:
pela justiça feita em nome de uma filha,
pelo Destino, pelas Fúrias vingadoras
a quem dedico o sacrifício deste homem,
minha esperança não dará lugar ao medo
enquanto o fogo for aceso neste lar
por meu amigo Egisto, o mais fiel de todos;
escudo frágil para mim não será ele!
Aí está por terra o homem que humilhou
a própria esposa entregue à triste solidão
mas foi o encanto das Criseidas lá em Troia.[56]
Pois junto ao dele está o corpo inanimado
de sua escrava, sua amante, profetisa,
capaz vidente, companheira de seu leito,
frequentadora das barracas dos soldados.
Não foi imerecida a sorte que tiveram.
Morreu calado o homem, e ela, como um cisne,
cantou, morrendo, o seu lamento derradeiro,
caindo ternamente ao lado de Agamêmnon.
Ele por certo a trouxe para seu deleite
mas foi o meu triunfo que ela ornamentou!

CORO

Por que não temos logo um fim tranquilo,
sem lentas agonias? Quero agora
o sono sem remédio, interminável,
pois está morto o nosso protetor.
Uma mulher tirou-lhe aqui a vida
que expôs por causa de outra tantas vezes!
Ah! Louca Helena!... Foste a causa única
da destruição de muitas, muitas vidas[57]
ao pé dos muros da arrogante Troia!
Deste a teu feito o último retoque,
inesquecível e desesperado
desse indelével sangue derramado!
A surda desavença entrando em casa
levou um homem a terrível morte.

CLITEMNESTRA

(Agora na mesma entonação do CORO.*)*

Não há por que chamar agora a morte
se vos abate um golpe insuportável.
Por que lançar inteiro sobre Helena
rancor tão grande? Não deveis tampouco
atribuir-lhe a perdição dos gregos,
como se ela tivesse destruído
tão numerosas vidas e causado
em tantos corpos chagas incuráveis.

CORO

Gênio do mal que cais sobre esta casa
e tombas sobre a fronte dos Tantálidas![58]
Teus trunfos neste jogo em que triunfas[59]
despedaçando os nossos corações
são damas de almas gêmeas na aparência!
Corvo maligno espezinhando um morto,
ei-la cantando cheia de arrogância
o hino apropriado aos vencedores!

CLITEMNESTRA

Agora corrigistes as palavras
de vossas bocas, pois vos referistes
ao gênio insaciável que persegue
inexoravelmente esta família.
A sede atroz de sangue nos vem dele,
enraizada em nosso próprio ser;
não foi curada ainda a chaga antiga
e já feridas novas aparecem.

CORO

O gênio de que falas certamente
é poderoso e cheio de rancor.
Ah! Dolorosa, triste evocação
de tanto horror contido num destino!...
Foi Zeus, que tudo faz e causa tudo!...

Nada acontece a nós, mortais, sem Zeus.
Que pode haver sem o querer divino?
Meu rei! Meu rei! Como chorar por ti?
Que te dirá meu coração amigo?
O corpo envolto na teia de aranha,
exalas o suspiro derradeiro
colhido por impiedosa morte!
É doloroso ver-te assim caído
em leito ignóbil, traiçoeiramente
ferido por espada de dois gumes
brandida pela mão da própria esposa!

CLITEMNESTRA

Ousais então dizer que este feito
somente a mim se há de atribuir?
Não deveis mesmo acreditar que eu seja
a esposa de Agamêmnon; sob a forma
da companheira deste homem morto
foi na verdade o gênio vingador
acerbo e antiquíssimo de Atreu,
do anfitrião cruel, que se quitou
do sacrifício ímpio de crianças
ao imolar agora este guerreiro.

CORO

Que testemunho irás oferecer
de que estás inocente deste crime?
De que maneira? Sim! De que maneira?
Mas pode a maldição de antigas eras
ter sido realmente a tua cúmplice.
Se o negro Ares faz correr o sangue
é para que justiça seja feita
às inocentes pequeninas vítimas
outrora devoradas aos pedaços.
Meu rei! Meu rei! Como chorar por ti?
Que te dirá meu coração amigo?
O corpo envolto na teia de aranha,
exalas o suspiro derradeiro
colhido por impiedosa morte!

É doloroso ver-te assim caído
em leito ignóbil, traiçoeiramente
ferido por espada de dois gumes
brandida pela mão da própria esposa!

CLITEMNESTRA

Não considero inglório seu destino;
não trouxe ele para sua casa
a morte insidiosa, impiedosa?
Tendo sofrido pelo mal causado
à minha filha e dele — a Ifigênia
tão infeliz — (tal feito, tal castigo),
não há de ter motivos lá no Hades[60]
para jactar-se; digo sem remorso:
tombando morto sob a espada aguda
ele pagou pelo que fez primeiro!

CORO

Não posso mais guiar meus pensamentos;
não sei sequer qual será meu caminho
ao ver desmoronar-se este palácio.
Domina-me desmesurado medo
da chuva próxima de sangue humano[61]
que já abala as bases desta casa;
e não se trata mais de simples gotas!
Já o destino as armas da justiça
afia para nova punição!
Ah! Terra! Terra! Tu não me tragaste
apenas para que eu visse este corpo
jazendo neste féretro rasteiro
bordado de ornamentos prateados!
Quem há de conduzi-lo à sepultura?
Quem cantará os hinos lamentosos?

(Voltando-se para CLITEMNESTRA.)

Ou tu, que assassinaste o próprio esposo,
tu o farás, terás o atrevimento
de completar entre muitos soluços
o teu nefando, abominável crime

com atos de fingida piedade
endereçados ao espectro dele,
com a intenção agora manifesta
de minorar esta injustiça enorme?
E quem há de fazer-lhe nesta hora
um elogio fúnebre adequado,
chorando o grande herói com fáceis lágrimas
e o coração sinceramente triste?

CLITEMNESTRA

Nenhum destes cuidados te compete.
Fui eu quem o feriu, quem o matou;
eu mesma o levarei à sepultura,
mas sem que seus parentes o lamentem.
Sua filha infeliz (triste Ifigênia!)
irá solícita ao encontro dele
no rio célere das aflições[62]
e ternamente há de beijar-lhe as mãos.

CORO

Baixeza vem juntar-se a mais baixezas![63]
Julgar é tão difícil!... É levado
quem quer levar e quem mata é punido.
Enquanto o grande Zeus mandar no mundo
terá valor um mandamento seu:
"quem for culpado há de sofrer castigo".
Que mão será capaz de remover
daqui a origem de tamanhos males?
A raça está atada à perdição!

CLITEMNESTRA

São verdadeiras essas expressões.
Eu mesma vou jurar neste momento
diante do pernicioso espírito
dos Plistenidas que estou sossegada[63a]
e satisfeita com minha proeza,
por mais insuportável que pareça.
Afaste-se com ele para sempre
de nós e deste lar e vá ligar-se

a outra raça essa fatalidade
de tantos crimes entre a mesma gente!
Escassos bens me bastarão se apenas
puder livrar de vez a minha casa
desse delírio de extermínio mútuo!

(Aparece EGISTO, *vindo do interior do palácio, seguido de guardas armados.)*

EGISTO

Animadora luz do dia da justiça!
Chegou enfim a hora de dizer que os deuses,
cuja missão mais certa é castigar os homens,
vigiam lá do alto os crimes cá na terra,
pois neste instante para meu contentamento
diviso esta criatura morta, o corpo envolto
num véu tecido pelas Fúrias vingadoras,
pagando plenamente os crimes de seu pai.
De fato, Atreu, senhor de todo este país
e pai deste homem, expulsou o bom Tiestes
— meu pai e seu irmão, para falar mais claro —
do próprio lar e da cidade onde vivia,
imaginando o seu poder ameaçado.
Voltando um dia como simples forasteiro,
Tiestes, o infeliz, foi recebido bem
(não o mataram logo e naquele momento
seu sangue nobre não manchou o solo pátrio).
Atreu, pai deste homem ímpio, simulou
acolhimento falsamente cordial
e pretextando assinalar condignamente
um dia de holocausto, regalou meu pai
com os corpos retalhados de seus pobres filhos.
No prato enorme, embaixo foram postos antes
os pés e as mãos e por cima, para escondê-los,
outros pedaços das crianças desmembradas.
O prato foi dado a meu pai, conviva único;
sem distinguir de pronto a trágica verdade
meu pai comia, sem saber, uma iguaria
fatal à sua raça, mas ao perceber
tardiamente o que até então comera,

ergueu-se, recuou e entre gritos horríveis
e vomitando alguns pedaços que engolira
lançou tremenda maldição sobre os Pelópidas.
Desfez a pontapés a mesa do banquete
e repetiu alucinado a imprecação:
"assim pereça a raça inteira de Plistenes"!

(Dirigindo-se ao CORIFEU.*)*

Por isso vês agora este homem morto aqui.
Eu, por direito, deveria planejar
a morte dele, pois após o crime hediondo
fui desterrado com meu pai, de quem eu era
terceiro filho, frágil criança inocente;
chegado à juventude, a pertinaz justiça
mandou-me de retorno para essa vingança
e embora me encontrasse longe de Agamêmnon
foi-me possível finalmente exterminá-lo,
tecendo a trama toda que o levou à morte.
Neste momento, até morrer seria bom,
pois o castigo o envolveu em suas malhas!

CORIFEU

Detesto, Egisto, o atrevimento dos perversos!
Afirmas que, por tua deliberação,
exterminaste este homem e tramaste só
o crime deplorável e te ufanas dele!
Pois bem: garanto que na hora do castigo
tua cabeça não escapará ao ódio
do povo e tu serás maldito, apedrejado!

EGISTO

Não reconheces teu lugar inferior
e ousas apresentar-te desta forma insólita
aos detentores do poder, a teus senhores?
És velho mas é sempre tempo de aprender
a falta que ainda te faz a precaução.
Grilhões e fome são dois médicos magníficos
e podem conseguir a cura até de velhos.
Se não enxergas isso, para que tens olhos?

Jamais invistas contra os aguilhões em riste,
pois do contrário hás de sofrer a cada embate.

CORIFEU

Mulher! Tu és mulher, tu, que permaneceste
refestelado em casa, apenas esperando
os homens empenhados em combates árduos!
Enquanto desonravas um leito de herói,
covardemente meditavas o assassínio
de um corajoso comandante de guerreiros!

EGISTO

Mais lágrimas farão brotar tuas palavras!
A voz de Orfeu não era em nada igual à tua:
enquanto aquele subjugava os seres todos
com a sedução de sua voz irresistível,
a tua vociferação te perderá.
Logo hás de ver-te dominado pela força!

CORIFEU

Procedes como se pudesses vir a ser
o rei da numerosa e brava gente argiva,
tu, que tramaste apenas, tu, que não ousaste
executar com tuas próprias mãos o crime!...

EGISTO

Por sermos inimigos eu era suspeito;
só a mulher havia de enganá-lo, é óbvio.
Agora, com seus preciosos bens, já posso
tentar sem mais demora dominar o povo;
os insubmissos ao inevitável jugo
serão todos dobrados implacavelmente
e não terão o tratamento cuidadoso
oferecido aos potros de primeira linha;
hão de domá-los as trevas e a fome amargas.

CORIFEU

Por que, então, vencendo tua covardia,

não mataste o herói com tuas próprias mãos?
Por que deixaste uma mulher assassiná-lo,
flagelo de nossa cidade e de seus deuses?
Ah! Praza aos céus que Orestes veja ainda a luz
e volte, conduzido pelos fados bons,
e dê a esses dois a morte merecida!...

EGISTO[64]

Se pensas que tolerarei indefinidamente os teus insultos
enganas-te! Avante, meus soldados! A tarefa não findou!

CORIFEU

(Dirigindo-se aos demais ANCIÃOS.)

Avante vós também! Espadas preparadas! Prontos para a luta!

EGISTO

Também a minha mão está em guarda! Não receio a própria morte!

CORIFEU

Morrer agora te parece natural e isso é bom augúrio!

(Os ANCIÃOS, soltando os bastões, empunham as espadas que traziam na cintura.)

CLITEMNESTRA

(Dirigindo-se primeiro a EGISTO e depois aos ANCIÃOS.)

Não, por favor, amado meu! Não desencadeemos mais desastres!
São excessivas as desgraças ocorridas (dolorosa messe!).
Estamos fartos de aflições. Já basta o muito sangue derramado.
Ilustres anciãos! Deveis agora retornar aos vossos lares;
deveis curvar-vos antes que vos cheguem males novos e maiores.
Era fatal o que fizemos; aceitemos resignadamente
as muitas atribulações passadas, golpes quase insuportáveis
que algum espírito funesto desferiu, seguidos, sobre nós.
Palavras de mulher também são dignas de atenção; ouvi-as, pois!

EGISTO

Mas eles continuarão lançando contra mim palavras ásperas
e vomitando imprecações que lhes trarão maiores sofrimentos.
Perderam a medida da prudência e mesmo ultrajam seus senhores!

CORIFEU

Não é da natureza dos argivos adular os homens vis!

EGISTO

Verei chegar em breve o dia de vingar-me deste atrevimento!

CORIFEU

Não verás esse dia! Um deus há de guiar Orestes para cá!

EGISTO

Sei bem que os exilados se alimentam de esperanças ilusórias.

CORIFEU

Prossegue! Adorna com sarcasmo, enquanto podes, teus nefandos crimes!

EGISTO

Serás sem falta castigado pelas insolências ora ditas!

CORIFEU

Ostenta força alheia, galo presunçoso perto da galinha!

CLITEMNESTRA

(Dirigindo-se a EGISTO *e levando-o para o palácio.)*

Não dês valor a tais latidos. Eu e tu, senhores do palácio,
teremos o poder bastante para pôr em ordem tudo e todos.

FIM

Notas ao *Agamêmnon*

1. Alusão ao futuro sacrifício de Ifigênia e ao passado extermínio dos filhos de Tiestes.
2. Urano (personificação do céu); antiquíssima divindade dos gregos.
3. Cronos: filho e sucessor de Urano.
4. Cálcis e Áulis: cidades gregas.
5. Strímon: rio situado na Trácia.
6. Terra de Ápis: antiga denominação do Peloponeso.
7. Percurso da mensagem luminosa: os acidentes geográficos citados a seguir identificam montes, ilhas, rios etc., no roteiro imaginado por Ésquilo entre Troia e Argos.
8. Ares sangrento: sendo o deus da guerra dos gregos, Ares simbolizava todos os atos de violência com derramamento de sangue.
9. Os mensageiros e arautos usavam como distintivo um ramo de oliveira em volta da cabeça.
10. Escamandro: rio situado nas proximidades de Troia.
11. Alusão às palavras do arauto no verso 621.
12. Montanha perto de Troia.
13. Literalmente: "tão estranhas como tingir o bronze", operação considerada impossível; expressão proverbial.
14. O duplo açoite de Ares: Ares simbolizava a morte violenta, seja na guerra, seja fora dela.
15. Ventos fortes vindos do nordeste.
16. Tradução literal; no original a forma verbal corresponde exatamente a *florido*.

16a. Ésquilo supõe a etimologia *helein naus* para o nome Helena, que significaria "destruidora de naus". As palavras gregas citadas nas notas são transliteradas em caracteres latinos para facilitar a composição tipográfica.

17. Zéfiro: personificação de um dos ventos na mitologia grega.
18. Simóis: rio próximo a Troia.
19. Cavalo enorme: o estratagema dos gregos para introduzir seus soldados no interior de Troia.
20. Odisseu: forma grega de Ulisses, um dos heróis da guerra de Troia e personagem principal da *Odisseia* de Homero.
21. Geríon: gigante mitológico de três cabeças e corpo triplo até as ancas.
22. Orestes: justificação antecipada, diante de Agamêmnon, da ausência do filho, afastado de Argos por Clitemnestra e Egisto e mandado para a Focis. A volta de Orestes para vingar a morte do pai matando Clitemnestra e Egisto é o tema das *Coéforas*.
23. Filho único: na linha dos exageros de Clitemnestra, que caracterizam sua hipocrisia, não surpreende este qualificativo inaplicável a Agamêmnon, pois todos sabiam que Menelau era seu irmão. Dificilmente poderia Ésquilo figurar melhor o fingimento de Clitemnestra.
24. Alusão velada de Clitemnestra, significando que em breve Agamêmnon chegaria à mansão de Hades, morada dos mortos.
25. Clitemnestra fala de si mesma.
26. Clitemnestra era filha de Leda e de Tindareu ou Tíndaro.
27. Jogo de palavras; *têleios*, além de "perfeito" significa "acabado", no sentido de findo, liquidado. Nos versos seguintes continua o jogo de palavras: *Zeu têleie* = "Zeus perfeito"; *tás emás eukhás têlei* = "perfaças meus intentos"; *an melles têlein* = "se pretendes

perfazê-la". Toda esta fala de Clitemnestra é cheia de efeitos verbais que acentuam a insinceridade e a perfídia da mulher de Agamêmnon. No verso 1117 ("e vê findarem os seus sofrimentos") há outro duplo sentido sinistro alusivo à morte próxima de Agamêmnon.

28. A mistura das imagens da nau ameaçada com a casa (o palácio de Agamêmnon) acentua o nervosismo dos anciãos do coro.

29. Asclépio (Esculápio dos latinos).

30. Alusão à obscuridade e incerteza quanto aos desígnios divinos: uma coisa, embora ainda imperceptível, poderia sobrevir, de tal forma que o coro acaba achando inútil preocupar-se desde logo com o que não estava ainda definido.

31. Filho de Alcmene: Heraclés (Hércules).

32. A reiteração está no original: *pêithoi'an, ei pêithoi. Apêithoies d'isos.*

33. Alusão de Clitemnestra ao assassínio próximo de Agamêmnon e de Cassandra.

34. Alguns comentaristas criticam a inconsequência aparente de Clitemnestra: se Cassandra não a entendia, como poderia manifestar-se por gestos? Esse contrassenso explica-se como decorrência da irritação de Clitemnestra, que Ésquilo dessa forma pretende acentuar, diante do silêncio de Cassandra, que a rainha interpreta como arrogância.

35. Novo jogo de palavras: Apolo, o nome do deus, é contraposto ao verbo *apollynai* (destruir), em dois tempos: *apôllon* e *apólesas*. Apolo dos caminhos: um dos epítetos de Apolo.

36. Outro jogo de palavras em torno do epíteto *Agyiates* (dos caminhos) e o verbo *ago* (conduzir).

37. A reiteração de "enormes" está no original. É frequente em Ésquilo esse procedimento para criar, com as palavras, o clima desejado. Vejam-se os versos 1313 (bodas... bodas) e 1326 (penas... penas).

38. Alusão a Orestes.

39. Alusão à rede em que Clitemnestra envolverá Agamêmnon antes de apunhalá-lo.

40. As Fúrias (Erínias), personificações do remorso, vingadoras dos crimes de morte, principalmente entre consanguíneos.

41. Clitemnestra, para melhor poder envolver Agamêmnon na rede que o imobilizaria e permitiria o apunhalamento, levou-o a banhar-se em uma banheira de prata. Vejam-se os versos 1594 e seguintes (quanto à rede e ao apunhalamento).

42. No original: *nomos ánomos.*

43. "Ítis": Ítis era filho de Procne; foi morto por sua mãe que, metamorfoseada em rouxinol, chora eternamente a morte do filho.

44. Escamandro: veja-se a nota 10.

45. Cocito e Aqueronte: rios do Hades (morada dos mortos). Note-se a associação entre Escamandro, rio onde brincava Cassandra na infância, e Cocito e Aqueronte, rios também, mas no país dos mortos.

46. O coro das Fúrias.

47. O extermínio dos filhos de Tiestes: vejam-se os versos 1858 e segs.

48. Alusão aos amores adúlteros de Tiestes e Aeropé, esposa de Atreu, de que este se vinga exterminando os filhos de Tiestes (veja-se a nota anterior).

49. No original, *Loxias*: epíteto de Apolo, significando "oblíquo", alusivo à obscuridade de seus oráculos.

50. Alusão a Egisto.

51. Cila: monstro marinho famoso na mitologia grega.

52. Lício: epíteto de Apolo (literalmente: matador de lobos).

53. Insígnias da condição de profetisa.

53a. Alusão a Orestes. "Nosso": de Cassandra e de Agamêmnon. Veja-se a nota 22.

54. A repetição "mortos", "morrer", "mortes" está no original. Veja-se a nota 37.

55. A mudança de metro, no original, procura acentuar a modificação dos sentimentos dos anciãos do coro ante a consumação do crime. Logo depois é retomado o metro anterior.

56. Criseida era uma escrava troiana que Agamêmnon mantinha em sua tenda durante o cerco de Troia. Clitemnestra generaliza, falando no plural, para enfatizar a infidelidade de Agamêmnon.

57. "Muitas", "muitas": vejam-se as notas 37 e 54.

58. Descendentes de Tântalo: Agamêmnon e Menelau eram bisnetos de Tântalo.

59. Tentativa de tradução do jogo de palavras no original (*kratos... kratyneis*).

60. Hades: morada dos mortos.

61. Alusão à futura morte de Clitemnestra e de Egisto nas mãos de Orestes, nas *Coéforas*.

62. Aqueronte: veja-se a nota 45.

63. Neste trecho há três jogos de palavras (versos 1813-1815 e 1816-1817), que se tenta conservar na tradução: "baixeza... baixezas"; "é levado... quem quer levar"; "mandar... mandamento".

63a. Plistenidas: descendentes de Plistenes, filho de Pêlops e de Hipodâmia e portanto irmão de Atreu e de Tiestes.

64. A partir daqui a mudança de metro procura acentuar a crescente exaltação dos personagens.

COÉFORAS

Época da ação: idade heroica da Grécia (cerca de 1200 a.C.).
Local: Argos, na Grécia.
Primeira representação: 458 a.C., em Atenas.

PERSONAGENS

ORESTES, filho de Agamêmnon e de Clitemnestra
CORO, composto de escravas
ELECTRA, irmã de Orestes
CLITEMNESTRA, viúva de Agamêmnon e amante de Egisto
ESCRAVO
AMA
PÍLADES, amigo inseparável de Orestes
EGISTO, amante de Clitemnestra

Cenário

Ao fundo vê-se o palácio do finado Agamêmnon, com três portas, sendo uma delas do gineceu. No centro da cena está o túmulo de Agamêmnon. ORESTES e PÍLADES entram em cena juntos.

ORESTES[1]

Hermes[2] das profundezas infernais, que velas
pelo poder paterno, vem juntar-te a mim,
vem logo e salva-me como aliado nosso,
a quem elevo nesta hora minhas preces!
Volto do exílio agora para minha terra...

(Subindo ao túmulo de Agamêmnon.)

Do alto deste túmulo, meu pai, imploro:
ouve-me e atenta a esta minha invocação!

(ORESTES corta uma mecha de seus cabelos e a põe sobre o túmulo.)

Desejo consagrar a Ínaco[3] esta mecha
de meus cabelos, pois ele cuidou de mim
em minha infância; esta segunda mecha, pai,
deponho aqui como demonstração de luto...
Não estive presente para lamentar
a tua morte; não ergui as minhas mãos
na hora em que teu corpo foi posto no túmulo...

(Aproxima-se um grupo de mulheres usando roupas de luto.)

Que vejo agora? Que mulheres serão estas
aproximando-se com longos véus sombrios?
Em que funesto evento deverei pensar?
Algum desastre novo acaba de atingir
este palácio? Ou devo, então, imaginar
que estas mulheres vêm trazendo libações
a meu finado pai, dessas que se destinam
a consolar os mortos? Não é outra coisa
pois já percebo Electra, minha irmã querida,
marchando sob o peso de uma dor amarga.

Ah! Zeus![4] Concede-me a ventura de vingar
a morte de meu pai! Traze-me a tua ajuda!

(Dirigindo-se a PÍLADES.)

Tratemos de ocultar-nos por enquanto, Pílades;
quero saber exatamente o que pretendem
estas mulheres nesse ritual funéreo.

(ORESTES e PÍLADES escondem-se; entra o CORO, composto de escravas, com ELECTRA à frente.)

CORO

Mandaram-nos sair lá do palácio
para trazer as oferendas fúnebres
com nossas mãos em movimentos rápidos.
Em nosso rosto há marcas cor de sangue,
sulcos feitos por nossas próprias unhas,
pois nossos corações todos os dias
nutrem-se apenas de muitos gemidos;
fazendo soluçar o próprio linho
de nossas roupas, a dor desgastou
os véus dobrados sobre nossos peitos
agitados por males incontáveis
que afastam o riso de nossas faces.
Numa linguagem nítida que eriça
nossos cabelos, a força profética
cheia de inspiração nos vem falar
pela voz inequívoca dos sonhos
nesta morada, exalando vingança
em pleno sono, do fundo da noite,
no centro do palácio, proferindo
num espantoso grito o santo oráculo
que vem cair com seu imenso peso
nos quartos onde vivem as mulheres.
Os argutos intérpretes de sonhos,
elucidando a vontade dos céus,
inspirados por um sopro divino
declaram que o defunto sob a terra
externa sem cessar sua amargura
e a cólera contra seus assassinos.

Pretendendo com este agrado ingrato[5]
livrar-se da iminente punição,
ela nos manda agora até aqui
— ah! terra mãe! —, essa mulher sacrílega!
Mas temos medo de pronunciar
as palavras que ela mandou dizer.
De fato, que reparação existe
para o sangue caído sobre a terra?
Ah! Lar extremamente infortunado!
Ah! Casa totalmente aniquilada!
As trevas fechadas ao próprio sol
e detestadas pelos homens, cobrem
todo o palácio do rei que morreu.
A majestade antiga, resistente,
invicta, inatacável, que existia
na alma e nos ouvidos deste povo
agora se desfaz; mas há temor!
Para os mortais o sucesso é um deus
e mais que um deus; entretanto a balança
da justiça serena está atenta
e colhe alguns em plena luz, a outros
leva mais tarde sofrimento intenso
e a noite interminável ceifa muitos.[5a]
Quando o sangue é sorvido pela terra
nutriz de todos, até saturá-la,
ao menos um coágulo perdura
intacto e nunca se dissolverá;
um dia sairá dele a vingança.
A mais cruel de todas as desditas
é o preço da demora do castigo,
e a quem tiver a culpa caberá
no fim a ruína total e completa.
Da mesma forma que não existe remédio
para a violação da virgindade,
todos os cursos d'água reunidos
numa torrente impetuosa e única
para lavar a mácula indelével
das mãos sujas do sangue derramado
terão fluido inteiramente em vão.
A nós, que aqui estamos — já que os deuses
lançaram a nojenta servidão
sobre a nossa cidade (eles tiraram-nos

de nossas casas para a escravidão) —,
somente cabe-nos, a contragosto,
conter o nosso ódio mais amargo
e submeter-nos a todas as ordens,
justas ou injustas, de nossos senhores,
mas sob os nossos véus sentimos muito
os duros golpes do destino cego
que vitimaram nosso rei — coitado! —,
e o luto que temos de disfarçar
faz-nos sentir o coração gelado.

(Após alguns momentos de silêncio ELECTRA *dirige-se ao* CORO.*)*

ELECTRA

Criadas desta casa, que devidamente
cuidais dos afazeres de todos os dias,
já que viestes caminhando até aqui
comigo para perfazermos em conjunto
os ritos propiciatórios, dai-me agora
vossos conselhos quanto ao que tem de ser feito.
Que deverei dizer quando for derramar
estas funéreas oferendas? Como achar,
neste momento repleto de hesitações,
palavras agradáveis? Como anunciar
a prece a meu querido pai? Direi apenas
que sou a portadora destas homenagens
a um esposo amado de uma esposa amante
— de minha mãe? Não estou convencida disto,
nem sei o que irei falar ao espargir
as libações sobre o sepulcro de meu pai.
Ou deverei fazer a alocução que os homens
costumam proferir, dizendo-lhe somente
que retribua o gesto de quem as envia
com males comparáveis às calamidades
inomináveis que ela lhe proporcionou?
Ou em silêncio e humilhada, como estava
meu pai quando o mataram, devo derramar
de uma só vez as libações para que a terra
possa bebê-las, e revertendo meus passos
voltar ao palácio real como quem chega

depois de ver sua oferenda recusada,
jogando para trás o vaso sem olhá-lo?
Compartilhai comigo vossos bons conselhos,
pois vós também sentis comigo o imenso ódio
comum a todas nós no lar que era do rei.
Não deveis ocultar apenas por temor
os vossos sentimentos; a hora fatal
há de chegar tanto para as pessoas livres
como para quem foi um dia escravizado
pelas mãos poderosas de quaisquer senhores.

(Dirigindo-se ao CORIFEU.*)*

Fala, se tuas sugestões forem melhores!

CORIFEU

Em reverência à sepultura de teu pai,
como diante de um altar, direi agora
meus pensamentos mais recônditos, se ordenas.

ELECTRA

Fala em respeito à sepultura de meu pai!

CORIFEU

Na mesma hora de espargir as libações,
dize palavras agradáveis aos amigos.

ELECTRA

E quem, entre os parentes, devo mencionar?

CORIFEU

Primeiro tu; depois, quem quer que odeie Egisto.

ELECTRA

Farei então a prece por mim e por ti?

CORIFEU

Pensa tu mesma nisto, usando teu bom senso.

ELECTRA

Devo incluir em minha prece mais alguém?

CORIFEU

Pensa em Orestes, inda que ele esteja ausente.

ELECTRA

É boa a ideia! Alertas-me sensatamente.

CORIFEU

Agora pensa nos culpados pelo crime.

ELECTRA

Que deverei dizer? Não tenho experiência...
Sê mais explícita a propósito da prece.

CORIFEU

Pede que um deus ou algum mortal venha enfrentá-los!

ELECTRA

Queres dizer como juiz, ou vingador?

CORIFEU

Fala bem claro: alguém que mate quem matou!

ELECTRA

Seria piedoso este pedido aos deuses?

CORIFEU

Não queres desejar o mal aos inimigos?

(ELECTRA segura o vaso que uma das escravas lhe entrega, derrama a água lustral e começa a espargir as libações sobre o túmulo.)

ELECTRA

Supremo mensageiro entre os vivos e os mortos,
Hermes das profundezas, vem logo ajudar-me!
Convoca para ouvirem minha invocação
os infernais espíritos cuja incumbência
é proteger a casa em que viveu meu pai,
e a própria terra, origem de todas as coisas,
que depois de nutri-las torna a receber
em seu seio o germe fecundo! Quanto a mim,
dando aos finados estas oferendas puras
venho invocar meu pai dizendo-lhe: "Apieda-te
de mim e de Orestes querido! Como, pai,
poderemos ser donos de nosso palácio?
Vivemos hoje indignamente, sem destino,
vendidos por aquela que nos deu à luz,
por ela, que escolheu Egisto para seu amante,
Egisto, sim, seu cúmplice em teu extermínio!
Estou sendo tratada como escrava, Orestes
foi despojado de seus bens, enquanto eles
agora tripudiam insolentemente
sobre os bens valiosos que tu conquistaste
com tanta valentia! Que um feliz acaso
traga de volta Orestes! Eis a minha súplica;
ouve-me, pai! Concede-me que eu seja sempre
mais sensata que minha mãe e tenha as mãos
muito mais inocentes! São estas as preces
referentes a nós, mas quanto aos inimigos
imploro que afinal venha juntar-se a mim
um homem para te vingar, bastante forte
para matar teus assassinos, pai querido,
em justa retaliação (seja-me dado
juntar às minhas súplicas por bons eventos
imprecações de males contra os inimigos!).
Daí das profundezas onde estás agora
sê portador de bênçãos para nós, teus filhos,
aqui em cima, graças aos deuses, à Terra
e à Justiça mensageira da Vitória!"

(Derramando libações sobre o túmulo.)

Vou derramar as libações com minhas preces!

(Dirigindo-se às mulheres do Coro.)

Cabe-vos encerrá-las com lamentações
em altos brados, num hino fúnebre ao morto!

CORO

Corram, então, as nossas muitas lágrimas,
pranto de morte ao nosso senhor morto
neste refúgio contra o mal e o bem[6]
para apagar a mácula maldita,
enquanto fluem estas libações.
Ouve-nos! Ouve, senhor excelente,
o apelo de minha alma envolta em luto!
Ai! Ai de mim! Que varão poderoso
virá livrar do jugo este palácio
portando em suas mãos um arco cítio[6a]
e a espada cuja lâmina e o punho
confundem-se para lutar de perto?

ELECTRA

A terra e meu querido pai já receberam
as libações, mas partilhai minha surpresa!

CORIFEU

Dize o que vês! Meu coração dança de espanto!

ELECTRA

Vejo uma mecha de cabelos, oferenda
recém-cortada sobre a tumba de meu pai!

CORIFEU

De um homem ou de moça de cintura fina?

ELECTRA

Qualquer pessoa poderia adivinhar.

CORIFEU

Mas como? As velhas aprendendo das mais jovens?

ELECTRA

Além de mim, quem poderia oferecê-la?

CORIFEU

Quem faz esta oferenda sente apenas ódio.

ELECTRA

E mais: olhando-os acho-os muito parecidos...

CORIFEU

Com que cabelos? Meu desejo é saber logo!

ELECTRA

... com os meus; observo que se parecem demais...

CORIFEU

Será que Orestes os trouxe secretamente?

ELECTRA

Sim! Esta mecha se assemelha muito às dele!

CORIFEU

Mas, como ousou Orestes vir até aqui?

ELECTRA

Ele pode tê-la mandado por alguém
para homenagear seu pai, embora ausente.

CORIFEU

Tuas palavras fazem-me chorar, pensando
que nunca mais seus pés pisarão esta terra!...

ELECTRA

Também sobe ao meu coração um fluxo amargo
e me sinto ferida como se uma espada
me houvesse traspassado. Caem de meus olhos
ardentes, temerosas lágrimas ao ver
esta mecha de seus cabelos. Como posso
imaginar que mais alguém desta cidade
tenha cabelos como estes? Muito menos
que a homicida, minha própria mãe, pudesse
cortá-los de sua cabeça, ela mesma,
que maltratou impiedosamente os filhos
e se tornou indigna do nome de mãe.
Ah! Como poderia eu dizer agora
que estes cabelos vêm do mortal mais querido,
de Orestes? Mas estou sentindo que a esperança
me acaricia... Ah! Se ela tivesse ao menos
a voz animadora de algum mensageiro,
a fim de que eu não vacilasse entre uma ideia
e outra, e fosse capaz, sem qualquer dúvida,
de desfazer-me desta mecha, horrorizada,
se ela vem da cabeça de algum inimigo,
ou, se de fato vem de meu querido irmão,
de associá-la ao meu desesperado luto
para adornar a tumba de meu pai e honrá-lo!
Porém os deuses aos quais faço minhas preces
sabem por que tormentas somos arrastados,
como nautas no mar; se a sorte, todavia,
salvar-nos do naufrágio, da semente ínfima
há de surgir a árvore da redenção.[7]

(ELECTRA repõe cuidadosamente a mecha sobre o túmulo, e ao baixar-se percebe marcas de pés no chão.)

Eis aqui um segundo indício: estas pegadas
parecidas com as minhas! Sim, aqui estão
duas marcas de pés! As dele, com certeza,

e as outras de algum companheiro de viagem!
Os calcanhares e os contornos de seus pés
se assemelham aos meus em suas proporções!
Domina-me a aflição e me perturba a mente!

(Aparece ORESTES, *seguido a certa distância por* PÍLADES.*)*

ORESTES

(Dirigindo-se a ELECTRA.*)*

Faze uma prece aos deuses para que conservem
esse teu privilégio de formular votos
sempre exalçados, como agora, por um deles.

ELECTRA

Que graça me concedem hoje as divindades?

ORESTES

Teus olhos veem neste instante a criatura
que há tanto tempo desejavas encontrar!

ELECTRA

Conheces por acaso o homem que eu espero?

ORESTES

Sei que aguardavas ansiosamente Orestes.

ELECTRA

Que preces minhas são ouvidas neste instante?

ORESTES

Estou aqui; já não terás de procurar
pessoa alguma tão amiga quanto eu!

ELECTRA

Não estarás tramando algo contra mim?

ORESTES

Então faço maquinações contra mim mesmo!

ELECTRA

E se queres apenas zombar de meus males?

ORESTES

Dos meus também, se procuro zombar dos teus.

ELECTRA

Devo então dirigir-me a ti como se fosses
Orestes sem a mínima sombra de dúvida?

ORESTES

Embora me contemples não me reconheces,
mas há bem pouco tempo à vista desta mecha
de meus cabelos, cortados como um sinal
do luto que me pesa sobre o coração,
e quando ponderavas sobre estas pegadas,
teu pensamento criou asas e julgaste
que me tinhas à tua frente! Põe a mecha
de meus cabelos no lugar de onde a cortei
— de teu irmão e parecida com as tuas —
e vê como ela coincide com as minhas!

(Mostrando o manto que vestia.)

Observa este bordado, obra de tuas mãos,
os pontos das agulhas, as cenas de caça
que ainda podes ver perfeitamente, irmã!

(ELECTRA avança precipitadamente em direção a ORESTES e ameaça um grito de júbilo.)

Domina-te! Não deixes que tua cabeça
se deixe transtornar pelo contentamento,
pois as pessoas que nos deviam amar
são nossas inimigas mais exacerbadas.

ELECTRA

Ah! Bem mais precioso da casa paterna!
Ah! Esperança acalentada há tanto tempo,
causa de tantas lágrimas! Confia em ti
e recuperarás o lar onde nasceste!
Ah! Presença querida que agora recebes
minha ternura quatro vezes, pois terei
de chamar-te de pai, de dar-te todo o amor
que deveria dedicar à minha mãe
(aquela que por todas as razões odeio),
de transferir-te ainda o carinho devido
à minha irmã[8] sacrificada cruelmente
e de te amar por ver em ti neste momento
o irmão fiel capaz de me trazer de volta
a consideração de todos os mortais!
Que a força e a justiça, em tríplice união
com Zeus[9] onipotente, estejam do teu lado!

ORESTES

Zeus! Zeus! Vela por nós! Parecemos filhotes
de uma altaneira águia, privados do pai
colhido e morto nos coleios, nos enlaces
de alguma víbora maligna; sós e órfãos,
podem ser vítimas da fome impiedosa,
pois nos primeiros dias falta-lhes a força
para trazerem caça ao ninho onde nasceram.
A nossa sorte — digo a minha e a de Electra —
é a mesma: jovens, sem a proteção paterna,
ambos expulsos do palácio onde nascemos.
Se permitires, Zeus, que sejam destruídas
estas crias de um pai que foi teu sacerdote
e mais que os outros homens cuidou de teu culto,
de que mãos comparáveis irás receber
as homenagens em esplêndidos festejos?
Se destruíres a descendência da águia,

não poderás, quando quiseres no futuro,
enviar aos mortais mensagens fidedignas;
nem, se deixares secar as próprias raízes
desta raça real, ela te prestará
o culto em teus altares nos dias propícios
aos santos sacrifícios de incontáveis bois.
Protege-nos e brevemente poderás
levar às culminâncias nossa antiga casa
que nos parece estar em total decadência!

CORIFEU

Crianças, salvadoras da casa paterna,
silenciai para evitar que alguém vos ouça
e pelo gosto de falar vá contar tudo
aos detentores do poder (seja-me dado
vê-los um dia incinerados em fogueiras
entre os estalos da resina crepitante!).

ORESTES

Por certo o onipotente oráculo de Apolo
não falhará depois de haver determinado
que eu enfrentasse este perigo até o fim
e revelado em altas vozes aflições
que fizeram gelar o sangue no meu peito
se não vingasse um dia a morte de meu pai
punindo os homicidas; o deus ordenou
que eu os exterminasse em retaliação,
enfurecido pela perda de meus bens.
Se eu não obedecesse, disse ainda o deus,
teria de pagar um dia a minha dívida
com a própria vida entre terríveis sofrimentos.
Assim o oráculo, mostrando aos homens todos
a ira dos poderes infernais malignos,
ameaçou-me com pragas nauseabundas:
ulcerações leprosas que mordem as carnes
com dentes cortantes de fogo, devorando
a sua própria natureza, enquanto surgem
os pelos alvos que proliferam nas chagas.
Ele falou também de ataques horrorosos
das Fúrias[10] sempre desejosas de vingança

ao ver o sangue derramado por um pai,
e de visões terrificantes que aparecem
na escuridão da noite diante dos olhos
dos filhos desvairados entre convulsões.
O dardo negro[11] dos infernos, quando o invocam
os mortos consanguíneos — cólera, delírio
ou pesadelos vindos do fundo da noite —,
agita e enlouquece os filhos negligentes
até conseguir expulsá-los da cidade
com as carnes ultrajantemente laceradas
por um irresistível aguilhão de bronze.
E a criatura que faltasse a tais deveres,
disse-me o deus, jamais poderia beber
na taça em que todos os membros da família
fazem as libações; a ira de seu pai,
embora imperceptível, afastá-la-ia
do altar comum; ninguém jamais a acolheria
nem lhe ofereceria o leito; finalmente,
desprezada por todos, sem um só amigo,
tal criatura morreria na miséria
de um mal que a aniquilaria sem remédio.
Não tenho, então, a obrigação de acreditar
no oráculo? Inda que não lhe desse crédito
o feito se consumaria, pois impulsos
me impelem sempre para uma conclusão:
além do mandamento nítido de Apolo,
a dor profunda pela morte de meu pai,
as ameaças da pobreza detestável
e sobretudo o desejo de não deixar
nossos concidadãos, vencedores em Troia
graças à sua resoluta valentia,
serem escravizados por duas mulheres
(de fato, o coração de Egisto é de mulher;
se ele não sabe, logo ficará sabendo!).

CORIFEU

Parcas[12] potentes, peço-vos por Zeus:
fazei com que tudo se realize
no rumo seguido pelo destino!
Fazei com que a cada palavra de ódio
responda logo outra palavra igual,

como a justiça quer ao exigir
em altos brados a reparação!
Contra cada golpe mortal desfira-se
um novo golpe igualmente mortal!
"Ao culpado o castigo", diz o adágio
há muito tempo ouvido e repetido!

ORESTES

Meu pai muito infeliz! Com que palavras
ou atos poderei fazer chegar
minha mensagem até o lugar
onde repousas, como luz oposta
às trevas em que te encontras agora?
E para nós também, muitos soluços
— a única homenagem aceitável —
anunciando a vinda dos Atridas[13]
até as altas portas do palácio teu
hoje fechado para todos eles.

CORIFEU

A alma de teu pai, minha criança,
não cede em face do fogo voraz;
hoje ou mais tarde ele revela a cólera.
Chore-se a vítima e seu vingador
logo aparecerá; lamentos justos
por nossos pais, que nos deram a vida,
se são reiterados e potentes
perseguem incansáveis os culpados.

ELECTRA

Ouve então, pai, a parte que me cabe
nessa pungente dor! São teus dois filhos
que sobre tua sepultura entoam
um canto fúnebre; é somente um túmulo
que nos recebe como suplicantes,
como exilados. Que se pode ver
de confortante nisso? Apenas males.
Não é razão para desesperar
ter de lutar contra a fatalidade?

CORIFEU

Mas se quiser, um deus terá poderes
para mudar estes nossos lamentos
em sons mais agradáveis aos ouvidos.
Em vez de cantos fúnebres aqui,
junto a uma tumba, cantos triunfais
no interior do palácio real
celebrarão o amigo que regressa,
recuperando enfim a alegria
de estar bebendo na taça comum
o vinho novo em comemorações.

ORESTES

Ah! Por que não tombaste, pai querido,
ao pé das muralhas de Troia, morto
pelo dardo de algum soldado lício!
Deixando em casa um nome glorioso
e para os filhos em suas jornadas
uma existência que atrairia
os olhares de todos, jazerias
em terras de além-mar, sob uma lápide
menos funesta para os filhos teus...

CORIFEU

... caro aos amigos, morto bravamente,
heroicamente à semelhança deles,
senhor magnífico, mesmo enterrado,
servindo aos grandes deuses infernais,
pois enquanto viveste foste rei
igual aos que, por decreto da Sorte,
conferem o poder de vida ou morte
e têm o cetro diante do qual
todos os súditos se curvam, dóceis.

ELECTRA

Não deverias ter morrido, pai,
tampouco ao pé das muralhas de Troia,
entre os outros guerreiros atingidos

por lanças assassinas, nem descido
à sepultura junto ao Escamandro.[14]
Ah! Se teus assassinos, e só eles,
tivessem sido mortos por parentes!
Assim nos teriam chegado apenas
notícias do destino que lhes coube,
exterminados em terras distantes!
E tais angústias não seriam nossas!

CORIFEU

Queres, menina, muito mais que o ouro,
muito mais que a felicidade máxima
— a sorte reservada aos Hiperbóreos[15] —;
isto é apenas um desejo teu.
Agora ouvimos somente o estalo
de um duplo açoite;[16] os nossos defensores
estão neste momento em suas tumbas
e os atuais senhores têm as mãos
sujas de sangue — destino cruel
para Agamêmnon e para seus filhos!

ORESTES

Estas palavras vêm diretamente
aos meus ouvidos e me estão ferindo
como se disparasses uma flecha!
Zeus, que das profundezas infernais
fazes precipitar-se cedo ou tarde
a desdita sobre qualquer mortal
cujas mãos foram perversas e pérfidas!
Embora o alvo seja nossa mãe,
vamos agir imediatamente!

CORIFEU

Seja-me dado então gritar bem alto,
augurando o triunfo sobre o homem
nos estertores, e sobre a mulher
quando estiver enfim sendo imolada!
Por que devo tentar dissimular
meu pensamento se ele neste instante

quer sair de minha alma sobrepondo-se
ao meu esforço vão para contê-lo,
agora que sopram sobre meu rosto
como se fossem uma brisa áspera
a cólera presa em meu coração
e o ódio nutrido pelo rancor?

ELECTRA

Mas, quando, então, Zeus todo-poderoso
fará descer a sua mão, fendendo
os crânios dos culpados e trazendo
de volta a confiança a esta terra?
Quero justiça contra a injustiça!
Ouvi-me, Terra e deuses infernais!

CORIFEU

É lei que o sangue, uma vez derramado
em plena terra, exija sangue novo.
Um assassínio clama em altos brados
pelas divinas Fúrias vingadoras,
para que em nome das primeiras vítimas
elas provoquem implacavelmente
nova desgraça em seguida à antiga.

ORESTES

Ah! Soberanas Fúrias infernais,
imprecações poderosas dos mortos,
vede o que resta agora dos Atridas
diante da miséria sem saída
e das humilhações do longo exílio!
Para onde nos voltaremos, Zeus?

CORIFEU

Meu coração palpita novamente
ouvindo agora a súplica de Orestes.
Chego a desesperar e sinto a treva
envolvendo minha alma. Por outro lado,
afirmações viris trazem-me alívio

e tudo volta a parecer melhor.

ELECTRA

Que deveríamos dizer agora?
Que nossos sofrimentos são a obra
da criatura que nos deu à luz?
Ela pode tentar suavizá-los,
mas não existe alívio para eles.
Nossa mãe transformou meu coração
num lobo insaciável, implacável.

CORIFEU

Bato no peito em lúgubre cadência;
seguindo o ritual das carpideiras,[17]
minhas mãos tocam-se incessantemente
acelerando o ritmo de seus golpes,
fustigando de cima e afastando-se
enquanto mortificam-me a cabeça
sofrida e dolorida a cada impacto.

ELECTRA

Ah! Minha mãe despudorada e má!
Ousaste sepultar um grande rei
secretamente (ah! funerais cruéis!),
sem o pranto sentido de seu povo,
sem uma simples lágrima de pena!

ORESTES

Tu me relembras essa infâmia enorme,
irmã querida, mas se as divindades
quiserem ajudar-me a golpear
com minhas próprias mãos a nossa mãe,
ela nos pagará; matá-la-ei,
embora tenha de morrer por isso!

CORIFEU

Se me queres ouvir digo-te ainda

que ela, vendo o marido já sem vida,
chegou ao cúmulo de mutilá-lo
e assim o sepultou perversamente,
querendo apenas lançar sobre ti
um fardo de vergonha insuportável.
Eis as muitas infâmias infligidas
a teu querido pai por Clitemnestra.

ELECTRA

Falas das desventuras de meu pai;
a mim, porém, privaram-me de tudo,
dando-me o tratamento de uma escrava;
confinada em meu quarto, como um cão
maligno, mais pronta a chorar que a rir,
eu me ocultava para soluçar,
sofrendo sem um momento de alívio.

(Dirigindo-se a ORESTES.)

Escuta e guarda na alma o que te digo!

CORIFEU

Deixa minhas palavras penetrarem
por teus ouvidos e mantém a alma
tranquilamente preparada. Sabes
tudo que se passou; a tua cólera
te dirá como vai ser o futuro.
Quem opta por lutar deve sentir
um rancor implacável em seu peito.

ORESTES

Chamo-te, pai! Vem ajudar teus filhos!

ELECTRA

Também te chamo, pai, desfeita em lágrimas!

CORO

Nossas vozes uníssonas repetem

a súplica de teus filhos presentes!
Ouve nossos apelos! Manifesta-te!
Junta-te a nós contra teus inimigos!

ORESTES

A Força enfrentará agora a Força
e se oporá o Direito ao Direito!

ELECTRA

Fazei com que vossa justiça, deuses,
dê a vitória às pretensões dos justos!

CORO

Trememos quando ouvimos estas preces.
Tarda muito o destino a consumar-se.
Chamamo-lo e queremos que ele venha!
Ah! Males incessantes desta raça,
golpes sanguinolentos e funestos
da Sorte adversa! Angústia insuportável
e lamentável! Quanto sofrimento,
sem um momento de tranquilidade!
Este palácio, todavia, vê
um bom remédio para tantas mágoas,
nascido nele mesmo, e não lá fora;
a cura ocorrerá em decorrência
de uma disputa áspera e sangrenta.
Vociferamos para ser ouvidos
pelos potentes deuses subterrâneos!

CORIFEU

Valei-nos, divindades infernais!
Sede sensíveis a nossos clamores,
e numa prova de benevolência
vinde ajudar estas duas crianças
em sua luta! Dai-lhes a vitória!

(ORESTES e ELECTRA ajoelham-se sobre o túmulo de Agamêmnon.)

ORESTES

Pai, que morreste de maneira indecorosa,
indigna do poder de um rei, venho implorar-te:
concede-me a soberania em teu palácio!

ELECTRA

Também tenho um pedido a dirigir-te, pai:
livra-me agora desta enorme desventura
e faze com que ela recaia sobre Egisto!

ORESTES

Nosso propósito é criar festas solenes
em tua honra, pois sem as celebrações
te esquecerão nos dias dos lautos banquetes
em que se fazem oferendas fumegantes
lançadas abundantemente sobre a terra.

ELECTRA

Na plenitude de meus direitos de herdeira
virei trazer-te, pai, as minhas libações
de esposa moça quando deixar teu palácio,
e acima de todas as coisas honrarei
a tua sepultura, para mim sagrada!

ORESTES

Abre-te agora, terra! Deixa nosso pai
juntar-se a nós na luta prestes a travar-se!

ELECTRA

Concede-nos, Perséfone,[18] a vitória esplêndida!

ORESTES

Lembra-te, pai, do banho em que foste imolado!

ELECTRA

E lembra-te da rede insólita que a astúcia
dos assassinos lançou para te imolar!

ORESTES

E dos grilhões para tolher teus movimentos,
forjados por alguém que não era ferreiro!

ELECTRA

E dos pérfidos véus da trama degradante!

ORESTES

Despertas hoje, pai, depois de tais ultrajes?

ELECTRA

Ergues enfim tua cabeça muito amada?

ORESTES

Manda a justiça combater ao nosso lado,
ou deixa-nos, então, usar as mesmas armas
se, depois da derrota inicial, desejas
ser desta vez o vencedor definitivo!

ELECTRA

Escuta agora meu supremo apelo, pai:
contempla tua prole ajoelhada aqui
sobre este túmulo; peço-te que te apiedes
tanto de tua filha como de teu filho!
Não deixes desaparecerem deste mundo
as últimas, tristes sementes dos Pelópidas;[19]
assim, embora morto vencerás a morte!

ORESTES

De fato, os filhos representam para um homem

a voz que lhe preserva o nome após a morte,
da mesma forma que as boias salvam as redes
mantendo-as flutuantes em águas profundas.
Ouve-me, pai! A minha súplica sentida
é por teu próprio bem; ela te salvará
do esquecimento se quiseres escutá-la!

(ORESTES e ELECTRA levantam-se e se afastam do túmulo de Agamêmnon.)

CORIFEU

Estas palavras visam aos ritos sagrados
e servem para compensar o esquecimento
das usuais lamentações sobre o sepulcro.

(Afastando-se do túmulo e dirigindo-se a ORESTES.)

Agora que teu ânimo volta a ser forte
e te compele a entrar em ação, começa!
Põe resolutamente à prova teu destino!

ORESTES

Assim será, mas é cabível perguntar,
antes de agir, com que propósito, por que
ela mandou oferecer as libações
e tenta redimir-se, embora muito tarde,
de um mal sem cura. Para o defunto insensível
esta homenagem é mesquinha; não pretendo
avaliar as oferendas, mas sem dúvida
elas parecem muito aquém do malefício.
Para apagar uma simples gota de sangue
pode-se dar de uma só vez toda a riqueza,
mas como diz um antiquíssimo provérbio
tão grande empenho não terá valor algum.
Dize-me, se souberes, qual a explicação
das providências tomadas por Clitemnestra.

CORIFEU

Eu sei, menino, pois estava no palácio:

sonhos terríveis perturbaram suas noites.
Por isso ela mandou as libações que vimos.

ORESTES

Podes contar-me exatamente o sonho dela?

CORIFEU

No sonho pareceu-lhe parir uma víbora,
de acordo com a sua própria afirmação.

ORESTES

Como acabou o sonho? Conta até o fim!

CORIFEU

Ela envolveu em fraldas a pequena víbora,
como se se tratasse de uma criancinha.

ORESTES

Como se alimentava o monstro após o parto?

CORIFEU

No sonho, ela mesma lhe apresentava o seio.

ORESTES

E a víbora não o feriu quando o sugava?

CORIFEU

Feriu, e logo o sangue misturou-se ao leite.

ORESTES

Talvez isto não seja casualidade...
Essa visão pode significar um homem...

CORIFEU

Ela acordou e deu um grito, receosa,
e as tochas, cujos olhos a treva fechara,
reacenderam-se incontáveis pela casa,
como se obedecessem à voz da senhora.
Pouco tempo depois ela mandou levar
as oferendas fúnebres de que falamos,
na ânsia de encontrar nas mesmas um alívio
para suas terríveis preocupações.

ORESTES

Então imploro a este solo e ao sepulcro
de meu finado pai que logo me concedam
a graça de materializar o sonho.
Cumpre-me interpretá-lo então literalmente:
se, nascida do mesmo ventre de onde vim,
a víbora, como se fosse uma criança,
depois de ser vestida em fraldas pôs a boca
no mesmo seio em que me alimentei na infância
e misturou sangue com leite enquanto a mãe
gritava perturbada pela dor intensa,
indiscutivelmente ela, que nutriu
um monstro pavoroso, terá de ofertar-me
seu próprio sangue, e eu, transformado por ela
numa terrível víbora, matá-la-ei,
como posso inferir do sonho inspirador.

CORIFEU

Aprovo-te como adivinho de prodígios.
Que seja assim! Agora instrui os teus amigos:
a uns explica o que devem fazer; a outros,
como devem agir em tua opinião.

ORESTES

Meu plano é simples.

(Apontando para ELECTRA.*)*

Ela regressa ao palácio.

(Apontando para o Coro.)

Quanto a vós todas, devereis guardar segredo
em relação aos meus desígnios, pois desejo
que, depois de matarem ardilosamente
um herói glorioso de volta a seu reino,
os inimigos sejam também apanhados
de maneira ardilosa e logo exterminados
em trama idêntica, tal como determina
o próprio Apolo,[20] que jamais foi mentiroso,
em suas profecias feitas a mim mesmo.
Dissimulado em estrangeiro e ostentando
os petrechos usados pelos viajantes,
apresentar-me-ei na porta do palácio
com Pílades, meu companheiro inseparável,
hoje meu hóspede depois de me acolher
em sua própria casa. Falaremos ambos
como se fôssemos nativos do Parnasso,[21]
imitando a linguagem dos foceus de lá.[22]
Prevejo que nenhum dos guardas nos dirá
palavras amistosas, pois todos lá dentro
estão angustiados. Vamos esperar
que os transeuntes, notando a nossa presença,
perguntem-se e comentem muito curiosos:
"Por que Egisto, que deve estar no palácio
e sem a menor dúvida foi avisado,
deixou os suplicantes do lado de fora?"
Mas, se eu puder entrar pelas portas da corte
e o vir no trono de meu pai, ou se ele, então,
quiser falar-me face a face e para isso
aparecer diante de meus próprios olhos,
de um modo ou de outro — fique ele sabendo logo —
antes de me dizer "Saúdo-te, estrangeiro!"
farei dele um cadáver no ímpeto feroz
de meu punhal de bronze; as Fúrias vingadoras,
ainda sedentas de morte, beberão
pela terceira vez o sangue sem mistura!

(Dirigindo-se a Electra.)

E tu, volta ao palácio imediatamente
para que tudo marche como desejamos.

(Dirigindo-se ao CORO.*)*

Peço-vos a maior prudência nas palavras,
falando ou omitindo-vos discretamente.

(Voltando-se para o túmulo de Agamêmnon.)

Quanto ao restante, pai, escuta minha súplica:
dirige meu punhal ao alvo desejado
na luta em que terei de me empenhar aqui!

(Saem ORESTES, PÍLADES *e* ELECTRA.*)*

CORO

São incontáveis os males funestos
e as feras produzidas pela terra
e os monstros perigosos para os homens
soltos nos mares; entre o céu e a terra
fulguram muitos astros flamejantes;
tudo que marcha e tudo que alça voo
fala da fúria dos ventos velozes.
Mas, quem será capaz de descrever
a imensa audácia que o homem ostenta
e as paixões desastrosas das mulheres
de coração sempre despudorado,
causa constante de terríveis penas
para os frágeis mortais? Os laços fortes
que ligam os casais são destruídos
insidiosamente pela fúria
dos sórdidos desejos incontidos,
cujo poder brutal se impõe às fêmeas,
seja entre os animais, seja entre os homens.
Quem ainda conserva na memória
os contos ouvidos antigamente,
por certo lembra-se do fogo pérfido
aceso por Altaia, a mãe cruel,
para matar o filho, Meleagro,[22a]
consumindo nas chamas o tição

ao qual estava presa a vida dele
desde o instante de seu nascimento,
e que deveria medir-lhe os dias
por força do Destino inexorável.
Os velhos contos também condenavam
Cila[23] sangrenta por ter imolado
seu próprio pai à sanha de inimigos;
cedendo à sedução de algumas joias
de ouro cretense — presentes de Minos[24] —,
ela arrancou (ah! cadela impudente!)
das têmporas de Niso adormecido
um cabelo que o imortalizava,
do qual Hermes[25] se apoderou depois.
E já que falo destes tristes crimes,
este é o momento de rememorar
um casamento sem nenhum amor
— uma abominação para o palácio —
e as tramas sórdidas imaginadas
por uma esposa cheia de perfídia
contra um guerreiro seu senhor e rei;
temiam-no todos os inimigos,
mas ele desejava um lar tranquilo,
tendo a seu lado a rainha e esposa.
Entre todos os crimes os relatos
destacam o que vitimou os lêmnios;[26]
a voz de todo o povo inda o maldiz
horrorizada, e o nome de Lemnos
associou-se às mais cruéis desgraças.
A raça em cujo seio aconteceu
esse crime odiado pelos deuses
findou abominada pelos homens.
Ninguém reverencia neste mundo
o que é detestado lá no céu.
Quem poderia negar-me o direito
de recordar agora estas verdades?
A espada aguda visa ao coração
e o atravessa em nome da justiça;
ninguém contesta sua atuação
junto às mal-afamadas criaturas
que espezinharam e que violaram
a majestade única de Zeus.
As raízes sagradas da justiça

estão plantadas no alto firmamento;
o destino prepara suas armas
e já está forjando seu punhal.
As celebradas Fúrias vingadoras
de profundos desígnios, restituem
o filho ao lar; ele vem apagar
a mácula do sangue derramado.

(ORESTES e PÍLADES voltam à cena e se encaminham para o palácio, a cuja porta ORESTES bate.)

ORESTES

Escuta, escravo! Bato à porta do vestíbulo!
Ninguém está neste palácio? Escuta, escravo!
É a terceira vez e ninguém nos atende!
Espero que apareça alguém se nesta casa
se acolhem estrangeiros por ordem de Egisto!

ESCRAVO

(Abrindo a porta.)

Já pude ouvir! Fala! Qual é a tua terra
e de onde estás chegando? Dize-me, estrangeiro!

ORESTES

Vai logo anunciar-me aos donos do palácio,
pois vim aqui para dar-lhes notícias;
apressa-te, porém, pois o carro da noite
já está prestes a chegar trazendo as trevas
e soa a hora de o viajante ancorar
em uma casa onde se hospedam forasteiros.
Deves chamar alguém que tenha autoridade
nos assuntos do lar — a dona que o dirige —;
inda melhor será o dono, pois assim
não haverá constrangimento na conversa
(de fato, um homem fala abertamente a outro
e expõe seu pensamento com maior clareza).

(CLITEMNESTRA sai do palácio.)

CLITEMNESTRA

Revelai-me vossos desejos, estrangeiros.
Neste palácio certamente encontrareis
tudo que é lícito esperar: um banho quente,
um leito onde vossas fadigas cessarão
e ainda a recepção de um olhar leal.
Se vindes para discutir assuntos sérios,
vossa mensagem será transmitida aos homens.

ORESTES

Sou estrangeiro e estou vindo lá de Dáulis.[27]
Enquanto eu caminhava em direção a Argos,
trazendo pouca coisa além dos próprios pés,
subitamente um homem que eu não conhecia
(ele também nunca me tinha visto antes)
apareceu na estrada e dirigiu-se a mim;
logo me perguntou meu nome e disse o seu
— Estrófio —, acrescentando que nasceu na Fócida.
Em seguida indagou sobre minha viagem
e depois dirigiu-me as seguintes palavras:
"Já que estás indo para Argos, estrangeiro,
lembra-te de dizer sem falta aos pais de Orestes
que ele morreu; não esqueças de forma alguma!
Revela-me na volta se os parentes dele
preferem que o cadáver seja transportado
para sua cidade, ou se ao contrário querem
que o enterremos no local de sua morte,
como estrangeiro e para sempre nosso hóspede;
enquanto não chega a resposta suas cinzas,
guardadas entre os flancos de uma urna brônzea,
receberão o preito de sentidas lágrimas
que bem merece o homem recém-falecido."
Repito exatamente o que escutei, senhora.
Se estou falando com o parente apropriado
para ouvir a notícia, ignoro, mas sem dúvida
quem deu à luz Orestes sabe e me dirá.

CLITEMNESTRA

Ai! Ai de mim! Tuas palavras me aniquilam!

Como é difícil, Maldição deste palácio,
a luta contra ti! Ah! Como é penetrante
a tua vista se conseguiste abater
o homem que eu imaginava tão distante
exterminando-o com teu arco irresistível!
Assim me privas de todas as criaturas
a quem dedico o meu amor! Ai! Ai de mim!
Agora foi Orestes, que teve o bom senso
de se afastar deste sangrento lamaçal
— a última esperança que eu ainda tinha
de sentir nesta vida uma alegria pura,
capaz de curar para sempre este palácio!

ORESTES

Se eu pudesse escolher, a minha preferência
seria dar a tão nobres anfitriões
notícias agradáveis, pois se fosse assim
eles me acolheriam com satisfação.
De fato, pode haver melhor disposição
que a de quem é fidalgamente recebido
em relação a seus gentis anfitriões?
Em minha opinião, porém, minha conduta
seria imperdoável se eu tergiversasse
no desempenho de uma missão amistosa
por mim aceita e facilitada por ti.

CLITEMNESTRA

Não deves recear que te faltem por isso
as atenções devidas nem a recepção
proporcionada aos bons amigos desta casa.
Outra pessoa, cedo ou tarde, nos traria
esta mensagem de que foste portador.
Mas é chegada a hora de proporcionarmos
a nossos hóspedes neste fim de jornada
os cuidados devidos em tais circunstâncias.

(Dirigindo-se a uma escrava.)

Conduze-os logo aos aposentos reservados
a quem merece a nossa melhor acolhida,

sem esquecer os serviçais e o companheiro;
eles receberão aqui o tratamento
que costumamos dispensar em nossa casa.
Presta atenção, escrava, e obedece em tudo,
pois serás responsável pelo atendimento.

(ORESTES e PÍLADES entram no palácio seguidos pela escrava.)

Vamos fazer agora um relato completo
ao senhor do palácio, e como não nos faltam
amigos confiáveis, reunir-nos-emos
para deliberar sobre este fato novo.

(CLITEMNESTRA retorna ao palácio.)

CORIFEU

Ajamos logo, amigas, servas do palácio!
Que estamos esperando para demonstrar,
valendo-nos do ímpeto de nossas vozes,
uma disposição sempre a favor de Orestes?
Ah! Terra consagrada! Ah! Consagrado túmulo
que agora cobres o corpo de um comandante
de naus inumeráveis! É chegada a hora!
Ouvi-nos neste instante! Ajudai-nos agora!
É o momento de a Persuasão solerte
entrar ao lado dele na luta difícil,
e de Hermes infernal, deus das noturnas trevas,
levar até os alvos o punhal mortífero!

(Entra a AMA de ORESTES, vinda do palácio.)

Parece-me que o estrangeiro começou
a molestar os moradores do palácio;
já vejo saindo de lá, desfeita em lágrimas
a escrava que cuidou de Orestes pequenino.

(Dirigindo-se à AMA.)

Aonde vais, Cilissa,[28] deixando o palácio?
Pareces dominada pelo sofrimento!

AMA

Minha senhora mandou-me chamar Egisto
imediatamente para conversar
de homem para homem com os estrangeiros
e conhecer sem qualquer dúvida as notícias
recém-chegadas até nós graças a eles.
Na presença de seus criados Clitemnestra
quer dar a impressão de estar preocupada;
seus olhos, todavia, ocultam um sorriso,
pois tudo para ela se encaminha bem;
para o palácio dos Atridas,[29] ao contrário,
os estrangeiros anunciam claramente
a mais completa ruína. Certamente Egisto
irá ficar com o coração cheio de júbilo
quando escutar as novidades que lhe trazem.
Ah! Infeliz de mim! Como as antigas mágoas,
caindo esmagadora e repetidamente
sobre o palácio do muito famoso Atreu,
amarguraram-me no peito o coração!
Nunca, porém, ao longo de minha existência
senti tamanha dor. As outras, numerosas,
eu suportei com natural resignação,
mas meu querido Orestes, a quem dediquei
dias sem número de minha vida, ele,
que recebi na hora de seu nascimento
e criei como um filho!... Ah! Todo o meu carinho
a cada instante, atenta ao seu choro estridente,
cuidando dele durante noites inteiras!...
E todo esse longo desvelo foi em vão!...
Quem ainda não pode usar a consciência
é como se fosse um bichinho — é isso mesmo!
Temos de adivinhar suas necessidades.
Em suas fraldas a criança não nos diz
que está com fome ou sede, ou que tem de urinar,
e sua barriguinha se alivia logo.
Eu tinha então de adivinhar, e quantas vezes
— sei muito bem! — não percebi que era a hora
e tinha de lavar eu mesma os panos sujos,
passando a ser além de ama lavadeira!
Mas eu podia suportar perfeitamente
a dupla obrigação, pois recebi Orestes

das mãos do rei seu pai; hoje fiquei sabendo
que Orestes está morto — ai! Infeliz de mim!
Agora tenho de ir procurar o homem
que foi o causador da ruína desta casa;
ele receberá feliz as más notícias.

CORIFEU

Como deseja ela que Egisto retorne?

AMA

Como? Repete para que eu possa entender-te!

CORIFEU

Com toda a sua guarda, ou sem acompanhantes?

AMA

Ela quer que ele volte com guardas armados.

CORIFEU

Não leves o recado a teu senhor, que odeias.
Dize que venha só, para não assustar
os estrangeiros portadores da notícia.
Fala-lhe assim, com pressa, e demonstra alegria.
O sucesso ou fracasso de um plano secreto
depende muito de quem transmite a mensagem.

AMA

Mas, estás satisfeita com as novidades?

CORIFEU

Zeus pode converter quaisquer males em bens.

AMA

Como, se Orestes, nossa esperança, morreu?

CORIFEU

Ainda não; quem pensa assim é mau profeta.

AMA

Que dizes? Sabes de algo além dessas notícias?

CORIFEU

Vai com tua mensagem sem perda de tempo!
Trata de obedecer a quem te deu as ordens;
os deuses cuidarão do que tem de ser feito.

AMA

Então eu vou e seguirei os teus conselhos.
Que tudo saia bem com a bênção divina!

(Sai a AMA.)

CORO

Agora, Zeus, pai dos deuses olímpicos,
atende à minha fervorosa súplica:
faze com que supere os inimigos
aquele que já chegou ao palácio!
Se o exaltares e lhe deres força
ele te retribuirá, solícito,
com duplas e até triplas oferendas.
Vê bem o potro, o órfão de um herói
preferido por ti, jungido agora
a esse carro onde só cabem dores!
Concede-lhe uma vitória total
contra seus inimigos no palácio!
E vós, que tendes vossos santuários
na parte mais faustosa do palácio,
deuses benevolentes, escutai-me!
Vinde! Lavai com pronta punição
o sangue dos morticínios passados!
Que o crime inveterado nunca mais
volte a reproduzir-se neste lar!

E tu,[30] que moras no edifício esplêndido
perto do abismo, faze com que a casa
de um homem possa erguer a sua fronte
e ver com os olhos sempre devotados
o sol magnífico da liberdade!
Possa o filho de Maia[31] auxiliar-nos
dentro de suas atribuições!
Ele, mais que qualquer dos outros deuses,
sabe, quando lhe apraz, fazer soprar
os ventos que nos favorecerão!
Com palavras sombrias ele joga
sobre os olhos dos homens densas trevas
que o próprio dia não dissiparia.
E finalmente cantaremos todas,
bem alto, o hino da libertação,
que as mulheres entoam quando sopram
os ventos mais propícios, esquecendo
o lamento penoso de quem chora:
"Venha logo a vitória para nós
e fuja dos amigos a desgraça!"
E tu, Orestes, na hora de agir,
se ela implorar e chamar-te de filho
grita-lhe forte e corajosamente
o que teu pai diria com certeza,
e sem um átimo de hesitação
consuma logo a obra da Vingança,
horripilante mas incensurável.
Tendo no peito o ânimo inflexível
presente no coração de Perseu,[32]
pensa somente em dar satisfação
a teus amigos vivos e finados;
e mesmo derramando muito sangue
cumpre-te aniquilar o autor do crime!

(Entra EGISTO.*)*

EGISTO

Estou aqui, não por mim mesmo, mas chamado
por uma mensageira. Ela veio dizer-me
que uns estrangeiros nos trouxeram más notícias,
segundo as quais Orestes está morto agora.

Será terrível para nós mais este golpe,
quando o palácio ainda sangra sob o peso
de uma primeira morte. Mas, dizei-me logo:
como poderemos saber se tal notícia
é real e verídica? Ou é apenas
uma conversa apavorante de mulheres,
dessas que surgem e se propagam depressa
para depois se dissiparem no vazio?

(Dirigindo-se ao CORIFEU.*)*

Que me dirás para me esclarecer o espírito?

CORIFEU

Ouvimos a notícia, mas deves entrar
para ter a confirmação dos estrangeiros.
A informação de quem apenas escutou
não se compara com a inquirição direta
de quem pode falar com o próprio interessado.

EGISTO

Quero falar com o mensageiro e perguntar-lhe
se viu Orestes morto com seus próprios olhos
ou veio repetir rumores imprecisos;
de uma coisa estou certo: ele não zombará
de quem, como eu, tiver a mente esclarecida.

*(*EGISTO *entra no palácio.)*

CORIFEU

Ah! Zeus! Que deverei dizer agora?
Por onde, Zeus, começarei a prece,
o apelo aos deuses? Como poderei
achar palavras próprias neste instante,
e enunciá-las adequadamente?
Neste momento, ou os punhais mortíferos
extinguirão definitivamente
a raça de Agamêmnon, ou então,
acendendo a luz cintilante e o fogo

da liberdade que tanto esperamos,
Orestes irá desfrutar aqui,
no trono destinado ao rei legítimo,
os muitos bens de seus antepassados.
Esta é a luta que o divino Orestes,
como na arena o derradeiro atleta,
irá travar contra dois adversários.
Que seja dele a vitória final!

(Ouvem-se gritos no interior do palácio.)

EGISTO

(Do interior do palácio.)

Ai! Ai! Ah! Infeliz de mim! Ai! Ai!

CORO

Que se passou lá dentro do palácio,
e como tudo terá terminado?

CORIFEU

Devemos afastar-nos; tudo aconteceu
e não é bom que apareçamos como cúmplices.

(O CORO retira-se para o lado do vestíbulo; sai da parte central do palácio, transtornado, um criado de EGISTO, dirigindo-se para os aposentos das mulheres e batendo à porta dos mesmos.)

CRIADO

Ai! Infeliz de mim! Mataram meu senhor!
Ai! Infeliz de mim pela segunda vez!
Egisto não existe mais! Tirai depressa
os ferrolhos do gineceu. Necessitamos
de um jovem vigoroso — não para ajudar
quem não existe mais. Tudo seria inútil!
Abri! Abri! Estou gritando para surdos,
desperdiçando a minha voz aqui na porta
com tanta gente adormecida? E Clitemnestra?

Onde estará nossa rainha? Que faz ela?
Tenho a impressão de ver um punhal afiado
prestes a desferir o golpe da justiça;
ferida mortalmente no colo indefeso,
ela se estenderá em pleno chão, imóvel!

(Clitemnestra sai pela porta do gineceu.)

CLITEMNESTRA

Que aconteceu? Teus gritos enchem o palácio!

CRIADO

Digo que um morto mata uma pessoa viva!

CLITEMNESTRA

Ai! Ai de mim! Já decifrei o teu enigma!
Pereceremos vítimas de uma perfídia,
da mesma forma que matamos Agamêmnon!
Quem me dará agora o machado assassino?
Dentro de alguns instantes poderemos ver
quais são os vencedores e quais os vencidos,
já que cheguei a tais extremos de infortúnio!

(Sai o Criado. A porta principal do palácio abre-se e vê-se o cadáver de Egisto. Orestes está perto do cadáver, ao lado de Pílades.)

ORESTES

(Dirigindo-se a Clitemnestra.)

É bom que tenhas vindo, pois eu te esperava!

(Apontando para o cadáver de Egisto.)

Este defundo já ganhou o seu quinhão.

CLITEMNESTRA

Ai! Estás morto, Egisto amado e destemido!

Orestes

Ainda o amas? Vai então deitar com ele
na mesma sepultura! Estando com Egisto,
mesmo depois de morta ser-lhe-ás fiel!

(Orestes ergueu o punhal e avança contra Clitemnestra, que se lança aos joelhos dele, rasga o vestido e mostra-lhe os seios.)

Clitemnestra

Para, meu filho! Para, menino, e respeita
os seios dos quais tantas vezes tua boca
até durante o sono tirou alimento!

(Orestes baixa a espada e dirige-se a Pílades.)

Orestes

Ah! Pílades! Que faço? Mato a minha mãe?

Pílades

Que restaria de agora em diante, Orestes,
do oráculo de Apolo, das proclamações
de Pito,[33] sua intérprete, da lealdade,
penhor dos juramentos? Seria melhor
obedecer aos deuses que a todos os homens!

Orestes

Tuas ponderações convencem-me; venceste!

(Dirigindo-se a Clitemnestra.)

Tens de seguir-me! Vou matar-te junto a Egisto!
Enquanto ele vivia tu o preferiste
a meu querido pai; agora jazerás
ao lado dele, já que o amas e odiaste
o homem que devias ter amado em vida!

CLITEMNESTRA

Eu te nutri e quero envelhecer contigo!

ORESTES

Queres morar comigo, assassina de um pai?

CLITEMNESTRA

Tudo foi obra do destino, filho meu!

ORESTES

Então é o destino que te mata agora!

CLITEMNESTRA

Não te apavora a maldição materna, filho?

ORESTES

Deste-me à luz mas me lançaste na desgraça!

CLITEMNESTRA

Tudo que fiz foi entregar-te a um amigo!

ORESTES

Fui vilmente vendido, eu, filho de um pai livre!

CLITEMNESTRA

E o dinheiro de tua venda, onde estará?

ORESTES

Tenho vergonha de falar-te abertamente
desse dinheiro ignóbil; prefiro calar-me!

CLITEMNESTRA

Fala-me, então, da má conduta de teu pai!

ORESTES

Não podes acusar o herói que combatia
enquanto estavas ociosa em seu palácio!

CLITEMNESTRA

Para nós, as mulheres, filho, é doloroso
estarmos tanto tempo longe dos maridos!

ORESTES

Mas é a luta dos maridos que alimenta
a ociosidade de suas mulheres.

CLITEMNESTRA

Insistes em matar a tua mãe, meu filho?

ORESTES

Eu não! Tu mesma estás causando a tua morte!

CLITEMNESTRA

Cuidado com a maldição[34] de tua mãe!

ORESTES

E como evitarei a de meu próprio pai
se demonstrar hesitação neste momento?

CLITEMNESTRA

Ainda viva, estou aqui (pobre de mim!)
fazendo súplicas inúteis a um túmulo!

ORESTES

O trágico destino de meu pai querido
hoje te impõe a merecida punição!

CLITEMNESTRA

Eu mesma dei à luz e criei esta víbora!

ORESTES

A profecia de teus sonhos pavorosos
revela-se neste momento verdadeira.
Assassinaste quem não devias matar;
agora sofre o que não devias sofrer!

(ORESTES, seguido por PÍLADES, obriga CLITEMNESTRA a entrar no palácio com ele; fecha-se a porta após a passagem dos três.)

CORIFEU

Choro sentidamente por ele e por ela
nesta desdita dupla. Mas, considerando
que o infeliz Orestes atingiu o ápice
de tantos fatos maculados pelo sangue,
quero que ao menos não desapareça agora
o olho[34a] desta casa para todo o sempre.

CORO

Eis afinal a justiça esperada
que antes já puniu os Priamidas[35]
com o castigo merecido e duro.
Da mesma forma acaba de chegar
ao palácio real o leão duplo,
o duplo assassinato; o desterrado
anunciado pela pitonisa
levou a termo o seu cometimento
guiado pelos conselhos de um deus
em sua decisão impetuosa.
Gritai manifestando o justo júbilo,
pois finalmente a casa de Agamêmnon

foi libertada de tantas desditas
e do casal impuro e insaciável
que para dissipar suas riquezas
enveredou pela rota da morte.
Chegou o herói que, lutando na sombra,
soube aplicar o castigo devido.
Guiou-lhe os passos a filha de Zeus
que nós, mortais, costumamos chamar
pelo nome que lhe convém — Justiça;
sobre seus inimigos ela insufla
vingança e morte até aniquilá-los.
O oráculo que a voz forte de Apolo[36]
pronunciou no fundo de seu antro
declara que se deve perdoar
a traição que pune os traidores.
Em nossa opinião aqui triunfa
a vontade divina, ao decretar
que não devemos socorrer os maus
e que temos de reverenciar
como convém os deuses das alturas.
Agora já podemos ver a luz
e a queda desejada há tanto tempo
dos laços que tolhiam esta casa.
Levanta-te, palácio, pois te vimos
durante muitos anos rebaixado!
O tempo que faz tudo acontecer
penetrará pelo portal da casa
quando as inveteradas maldições
forem varridas da lareira santa
graças aos ritos purificadores
que dela expulsarão todas as máculas.
Os dados atirados pela Sorte
irão mudar e logo cairão
com as faces favoráveis para cima,
prenunciando assim melhores dias.

(Abre-se a porta central do palácio. Veem-se os cadáveres de EGISTO *e de* CLITEMNESTRA *estendidos lado a lado no chão, ocultos por uma coberta. As mulheres do* CORO *entram no palácio.)*

ORESTES

Olhai a dupla de opressores desta terra,

os traidores assassinos de meu pai
e dilapidadores dos bens desta casa!
Eles estavam majestosos em seus tronos
até há pouco tempo, e foram sempre amigos,
como se pode deduzir de seu destino,
presos a compromissos de fidelidade.
Além de exterminarem meu pai infeliz,
eles também tinham jurado morrer juntos
e assim cumpriram hoje a palavra empenhada.
Agora contemplai, vós, que já conheceis
as nossas desventuras, o pano cruel
que subjugou meu pai tolhendo suas mãos
e jungindo seus pés para imobilizá-lo!

(Apontando para a coberta que ocultava os cadáveres.)

Puxai vós mesmos este pano; aproximai-vos
e em círculo estirai a rede insidiosa
em cujas malhas eles prenderam meu pai;
assim o crime sórdido de minha mãe
ficará mais visível aos olhos do Pai
— não do que me gerou, mas do que tudo vê,
o Sol! Então, no dia de meu julgamento
ele estará presente como testemunha
de que perseverei nesta vingança justa
e fui até o cúmulo de eliminar
a minha própria mãe. Quanto à morte de Egisto,
não pretendo falar: como qualquer adúltero
ele sofreu a punição segundo a lei.
Mas, a mentora única de um plano infame
contra o marido, cujos filhos concebeu
— fardo muito pesado dentro de seu ventre,
prova do antigo amor mais tarde transformado
em ódio imenso —, que pensais agora dela?
Moreia ou víbora desde seu nascimento,
um ser capaz de envenenar pelo contato,
mesmo sem a picada, apenas pela audácia
e por seus pensamentos cheios de maldade.

(Apanhando o pano que cobria os dois cadáveres.)

Que nome apropriado possa dar a isto,

por mais que tente moderar a minha boca?
Uma armadilha para feras, ou então
uma mortalha indo da cabeça aos pés?
Não! Uma rede ou pano usado por bandidos
em suas incursões à margem das estradas
para matarem torpemente muitos homens,
satisfazendo assim seu instinto perverso.
Queiram os deuses que jamais tal companheira
penetre em minha casa! Antes morrer sem filhos!

CORO

Ai! Tristes crimes!... Morres cruelmente!
Quanto mais tarda, mais cresce o castigo!

ORESTES

Ela feriu meu pai ou não? A prova certa
está aqui: o pano ainda avermelhado
pelo fino punhal que Egisto manejou.
Os vestígios de sangue e o tempo decorrido
esmaeceram os bordados multicores.

(Após alguns momentos de silêncio.)

Agora posso me aplaudir abertamente,
agora posso lamentar-me no momento
de ver este lençol que recobriu meu pai,
mas choro pelo feito, pela punição
e até por nossa raça, pois desta vitória
guardo somente uma desmesurada mácula.

CORO

Nenhum mortal consegue atravessar
a vida inteira livre de amarguras.
Uma tristeza hoje, outra amanhã...

ORESTES

Eu, entretanto, gostaria de dizer-vos
(não sei como isso tudo chegará ao fim)

que hoje me sinto como se fosse um cocheiro
dirigindo os cavalos por fora da estrada;
as rédeas, difíceis de dominar, soltaram-se
de minhas mãos, e os animais vão-me levando;
vencido e desgarrado, começo a sentir
que meu sofrido coração, cheio de espanto,
já quer cantar seguindo o ritmo de seus saltos;
mas, enquanto consigo dominar a mente
grito estridentemente a todos os amigos:
matei a minha mãe, e com muita razão.
Ela matou meu pai e personificava
a máxima impureza, execração dos deuses;
quanto aos estímulos que me deram audácia,
o mais eficiente foi um deus — Apolo,[37]
o deus de Pito —; ele mesmo me revelou
que se eu agisse assim não seria culpado;
mas se deixasse de cumprir as suas ordens...
— não posso revelar o nome do castigo:
o alcance de uma flecha seria menor
que os sofrimentos reservados para mim.
E agora vede como, portando este ramo
adornado de lã, vou, simples suplicante,
até o centro deste mundo[38] — terra santa
onde Loxias[39] profetiza e onde brilha
a luz do fogo aceso para todo o sempre —
fugindo à maldição do sangue que jorrou
de minha mãe; em suas injunções o deus
determina que eu vá sem falta a seu altar.
Quanto à consumação desta desgraça enorme,
peço aos argivos[40] todos para revelarem
de viva voz a Menelau[41] como nasceram
tão grandes desventuras; peço-lhes também
que deem o seu testemunho a meu favor.
Agora irei andando como um vagabundo,
banido desta terra, pelo mundo afora,
deixando atrás de mim uma fama hedionda
por toda a vida e mesmo após a morte.

CORIFEU

Venceste! Evita que teus lábios pronunciem
qualquer palavra portadora de infortúnio

e não permitas que eles te maldigam hoje,
no dia da libertação da terra argiva
graças aos golpes felizes de teu punhal
exterminando as duas víboras cruéis.

(ORESTES, que ia iniciar a marcha para o exílio, recua bruscamente, horrorizado.)

ORESTES

Ai! Ai de mim! Criadas! Já as vejo ali,
como se fossem Górgonas, com roupas negras,[41a]
envoltas em muitas serpentes sinuosas!
Não posso mais ficar aqui! Não posso mais!

CORIFEU

Dize-nos, filho mais querido de teu pai!
Quais são esses fantasmas cuja aparição
provoca em ti essas horríveis convulsões?
Coragem! Não receies, grande vencedor!

ORESTES

Não são simples fantasmas que me atemorizam;
vejo-as muito bem! Elas estão ali!
São as cadelas rábidas de minha mãe![42]

CORIFEU

Há muito sangue ainda fresco em tuas mãos;
vêm dele as alucinações de tua mente!

ORESTES

Apolo, meu senhor! Ei-las ali, olhando-me,
em número incontável e sempre crescente!
Goteja de seus olhos sangue repugnante!

CORIFEU

Há uma purificação para teu ato:

vai ao templo de Apolo e toca o deus com a mão;
ele te livrará desta aflição enorme.

ORESTES

Não podes vê-las, mas as vejo perseguindo-me
e não tenho o direito de ficar aqui!

(ORESTES sai correndo.)

CORIFEU

Então vai logo para onde deves ir
e sê muito feliz! Desejo que algum deus
te olhe com benevolência e te conceda
melhores dias depois dessas desventuras!

CORO

Consuma-se a terceira tempestade
neste palácio de nossos senhores,
causada por seus próprios habitantes.
Os filhos de Tiestes,[43] inda infantes,
mortos e devorados num banquete
iniciaram a sequência horrenda
de nossas amarguras; em seguida
foi morto o comandante dos Aqueus,[44]
um rei assassinado torpemente
enquanto se banhava descuidoso.
Agora, na terceira vez, chegou
— como direi? — o fim? A salvação?
Onde se deterá, ou findará,
a Ira precursora da Vingança?[45]

FIM

NOTAS ÀS *COÉFORAS*

1. Os primeiros dez versos faltam nos manuscritos conservados e foram reconstituídos graças a citações de Aristófanes (*As Rãs*, versos 1126 e seguintes) e a comentaristas antigos.

2. Hermes: filho de Zeus e de Maia na mitologia grega, mensageiro de seu pai e deus incumbido de levar as almas dos mortos aos infernos.

3. Ínaco: deus de um rio homônimo situado em Argos; Orestes consagra-lhe a mecha de cabelos porque os rios eram cultuados como fontes de vida.

4. Zeus: o deus maior da mitologia grega (Júpiter na mitologia romana).

5. "Agrado ingrato": procuramos manter na tradução o jogo de palavras *khárin akháriton* do original. Adotamos o mesmo procedimento em outras numerosas passagens das tragédias constantes deste volume, onde ocorre esse recurso estilístico. "Ela", no verso 60, é Clitemnestra.

5a. "A noite interminável": a morte.

6. O "refúgio contra o mal e contra o bem" é o túmulo.

6a. "Arco cítio": eram famosas as armas dos habitantes da Cítia, região correspondente a grande parte da atual Rússia ocidental.

7. Alusão metafórica a Orestes.

8. Ifigênia, filha de Agamêmnon e de Clitemnestra, sacrificada em Áulis pelo pai durante os preparativos da expedição dos gregos contra Troia.

9. Zeus: veja-se a nota 4.

10. Fúrias: em grego *Erinyes*, também chamadas de Benévolas e, pejorativamente, de "cadelas"; deusas antiquíssimas, personificações do remorso, incumbidas de vingar os crimes de morte contra os consanguíneos. Vejam-se as notas 34 e 42.

11. "Dardo negro": o aguilhão com que se armavam as Fúrias para atormentar as criaturas que perseguiam.

12. Parcas: em grego *Môirai*, divindades responsáveis pelo destino de cada mortal. As Parcas eram três: Átropos, Clotó e Láquesis.

13. Atridas: descendentes de Atreu, herói epônimo da família de Agamêmnon e de seu irmão Menelau.

14. Escamandro: Rio de Troas, nas proximidades de Troia.

15. Hiperbóreos: povo lendário habitante do extremo norte do mundo. Depois de desfrutar de uma existência longa e feliz, os hiperbóreos morriam em meio a festas.

16. "Duplo açoite": o clamor dos mortos por vingança.

17. "Carpideiras": literalmente "carpideiras císsias". A Císsia era um território integrante do império persa e suas carpideiras eram famosas na Antiguidade por seu alarido e por sua gesticulação.

18. Perséfone: deusa filha de Zeus e de Deméter e mulher de Hades, deus maior dos infernos.

19. Pelópidas: descendentes de Pêlops, pai de Atreu e avô de Agamêmnon.

20. Apolo: deus dos oráculos, inspirador da vingança de Orestes. No original está *Loxias*, um dos epítetos de Apolo que significa "oblíquo", numa alusão à obscuridade dos oráculos.

21. Parnasso: montanha da Focis, uma das mais altas na Europa, onde moravam as Musas.

22. Foceus: habitantes da Focis, região em que se situa o monte Parnasso.

22a. Meleagro: filho de Altaia; sua vida estava ligada a um tição, que foi lançado ao fogo para consumir-se quando Altaia soube que Meleagro matara seus tios, irmãos dela, na caçada ao javali de Calidon.

23. Cila: filha de Niso, rei de Mêgara, que traiu o próprio pai, causando-lhe a morte para favorecer Minos, rei de Creta.

24. Minos: veja-se a nota anterior.

25. Hermes: veja-se a nota 2.

26. Lêmnios: habitantes da ilha de Lemnos, mortos traiçoeiramente por suas próprias mulheres enciumadas.

27. Dáulis: cidade situada na Focis.

28. Cilissa: nome grego de muitas escravas originárias da Cilícia, região de onde provinham inúmeros escravos trazidos para a Grécia.

29. Atridas: veja-se a nota 13.

30. "E tu": alusão a Apolo (veja-se a nota 20). "Edifício esplêndido": o templo de Apolo em Delfos.

31. "Filho de Maia": Hermes. Veja-se a nota 2.

32. Perseu: herói grego filho de Zeus e da mortal Danae.

33. Pito: sacerdotisa de Apolo e porta-voz do deus em seu oráculo de Delfos.

34. "A maldição": literalmente "as cadelas", um dos nomes pelos quais eram designadas pejorativamente as Fúrias vingadoras. Vejam-se as notas 10 e 42.

34a. O "olho da casa": Orestes.

35. Priamidas: descendentes de Príamo, rei de Troia na época em que sua cidade foi destruída pelos gregos comandados por Agamêmnon.

36. No original está *Loxias*. Veja-se a nota 20.

37. Vejam-se as notas 20 e 33.

38. "Centro do mundo": Delfos, onde ficava o oráculo mais famoso de Apolo, era tida como o centro do mundo (no original "umbigo" em vez de "centro").

39. Loxias: veja-se a nota 20. A "luz do fogo aceso" no verso seguinte é a chama sempre viva do templo de Apolo.

40. Argivos: habitantes de Argos, onde reinava Agamêmnon.

41. Menelau: irmão de Agamêmnon.

41a. Górgonas: monstros femininos cujo olhar petrificava quem os visse de frente.

42. "Cadelas": alusão às Fúrias vingadoras. Veja-se a nota 34.

43. Tiestes: irmão gêmeo de Atreu (veja-se a nota 13) e pai de Egisto, amante de Clitemnestra.

44. Comandante dos aqueus: Agamêmnon.

45. Vingança: *Ate*, em grego, personificação da vingança.

EUMÊNIDES

Época da ação: idade heroica da Grécia (cerca de 1200 a.C.).
Locais: Delfos e Atenas.
Primeira representação: 458 a.C., em Atenas.

PERSONAGENS

ORESTES, filho de Agamêmnon e de Clitemnestra
APOLO
ATENA
FANTASMA DE CLITEMNESTRA
PROFETISA PÍTIA, já idosa
CORO DAS FÚRIAS (seis)
ESCOLTA
HERMES

Cenário

Em Delfos, diante do templo de APOLO. *A* PROFETISA *entra em cena e se encaminha para a porta fechada do templo. Antes de entrar, detém-se e se inclina reverentemente diante da trípode onde se sentava para profetizar.*

PROFETISA

Dou nesta prece inicial a precedência
entre todos os deuses à sagrada Terra,
a mais antiga de todas as profetisas;
depois invoco Têmis,[1] a segunda deusa
a ter assento no trono de sua mãe,
de acordo com alguns relatos; em seguida,
com o consentimento da divina Têmis
e sem qualquer preterição, subiu ao trono
outra filha da Terra — a Titanide Febe —;
esta o passou depois a Febo,[2] como dádiva
para marcar o dia de seu nascimento.
Febo, que deve a Febe seu sagrado epíteto,
abandonando o lago e os montes de Delos,
depois de conhecer o litoral de Palas,
apreciado pelas naus, chegou a Delfos,
junto ao Parnasso, sua nova residência.
Lá os filhos de Hefesto[3] o homenagearam
com toda a reverência, abrindo-lhe caminhos
para a conquista do território indomado.
O povo todo e Delfos, timoneiro e rei
daquela região, instituíram logo
o culto solene de Febo Apolo e Zeus,[4]
dando a Febo imortal a ciência divina,[5]
e decidindo pô-lo neste augusto assento
para ser desde então o seu quarto profeta;
aqui Apolo[6] é o porta-voz de Zeus, seu pai.
São estes os deuses que invoco em minhas preces.

(Voltando-se primeiro para a imagem de ATENA, *e sucessivamente para as imagens dos outros deuses que invoca.)*

Atena[7] tem também um lugar destacado

em minha fala; menciono ainda as Ninfas
que moram na caverna da rocha Corícia,
onde vão deleitar-se os pássaros e um deus;
naquela região o rei divino é Brômio[8]
(jamais o esqueceria!) desde que saiu
à frente do longo cortejo das Bacantes
e fez Penteu[9] morrer como se fosse lebre.
Também invoco as águas do sagrado Pleisto,[10]
a força enorme do divino Poseidon
e Zeus onipotente antes de me sentar
como sacerdotisa no meu próprio trono.
Bendigam eles hoje mais que noutros dias
minha presença no lugar santificado.
Se aqui se encontram quaisquer peregrinos gregos,
devem aproximar-se como de costume
na ordem predeterminada pela sorte;
de minha parte profetizarei agora
tudo que me for inspirado pelo deus.

(A PROFETISA *entra no templo e logo depois sai horrorizada, apoiando-se na porta e nas colunas do templo.)*

Ah! Não consigo descrever um espetáculo
cuja simples visão me deixa transtornada
e me força a deixar o templo de Loxias,
de tal maneira horrível que perdi o ânimo
e não consigo, embora queira, estar de pé.
Tenho de me valer das mãos para mover-me,
pois minhas pernas trôpegas não me sustentam.
Qual a valia de uma velha estarrecida?
Nenhuma; é como se ela fosse uma criança.
Eu caminhava em direção ao santo altar
repleto de oferendas, e meus olhos viram
junto à pedra central do templo um ser humano
marcado pela maldição das divindades;
ele estava sentado como suplicante
e com as mãos ensanguentadas segurava
um punhal retirado havia pouco tempo
de um ferimento; em suas mãos ainda estava
um longo ramo de oliveira recoberto
devotamente por uma camada espessa
de alva lã — serei mais clara se disser

que aquilo parecia a pele de um carneiro.
Em frente ao homem há um grupo de mulheres
de aspecto estranho adormecidas nos assentos.
Falei que são mulheres? Devo dizer Górgonas!
Talvez não seja boa esta comparação;
não é a Górgonas que devo referir-me.
Lembro-me bem de ter visto em pintura um dia
as Hárpias[11] no justo momento em que tiravam
furtivamente os alimentos de Fineu.
Estas daqui, porém, parecem não ter asas;
o seu aspecto é tenebroso e repelente;
enquanto falam não se suporta seu hálito
e de seus olhos sai um corrimento pútrido;
seus trajes são inteiramente inadequados
a quem está diante dos augustos deuses
ou mesmo em casa de criaturas humanas.
Nunca e em parte alguma vi seres assim
e não consigo imaginar que algum lugar
possa tê-las criado sem se arrepender
e lamentar amargamente esse castigo.
Quanto ao que ainda está por vir, tudo depende
do deus senhor deste recinto consagrado
— Loxias poderoso —; ele cura as pessoas
graças a seus oráculos sempre verazes,
é um intérprete infalível de portentos
e purifica os lares de todos os homens.

(A PROFETISA afasta-se: abre-se a porta do templo; vê-se ORESTES sentado na pedra que marca o centro do templo; APOLO está de pé a seu lado. As FÚRIAS estão adormecidas nos assentos do templo.)

APOLO

(Dirigindo-se a ORESTES.)

Jamais te trairei! Serei até o fim
teu guardião fiel, quer esteja a teu lado,
quer nos separem distâncias intermináveis,
e em tempo algum protegerei teus inimigos.
Já podes ver as Fúrias todas dominadas;
vencidas por pesado sono, ei-las imóveis,
estas virgens malditas, filhas antiquíssimas

de um passado remoto; nunca as possuíram
quaisquer dos deuses, homens e nem mesmo feras.
Nascidas para o mal, coube-lhes em partilha
a treva deletéria do profundo Tártaro,[12]
criaturas malditas por todos os homens
e pelos deuses que se reúnem no Olimpo.
Deves, porém, fugir daqui e ter cuidado.
Elas querem continuar a perseguir-te
e te procurarão por todos os lugares,
tentando sempre te expulsar de onde estiveres
em tuas longas caminhadas sem destino,
além do mar e das cidades que ele cerca.
E não te deixes dominar pelo cansaço
enquanto pastoreias tuas desventuras;
mas, quando perceberes que afinal chegaste
à nobre cidade de Palas,[13] ajoelha-te
e abraça a imagem antiquíssima da deusa.
Na mesma ocasião, diante de juízes
e com palavras adequadas ao momento
descobriremos a maneira de livrar-te
definitivamente de teu sofrimento,
pois fui eu mesmo, e mais ninguém, que te induzi
a ferir mortalmente a tua própria mãe.

ORESTES

Sabes ser justo, Apolo rei, quando te apraz;
cumpre-te ainda estar atento até o fim,
pois teu poder de fazer bem e proteger-me
é minha garantia de sucesso pleno.

(Entra HERMES.)

APOLO

(Dirigindo-se primeiro a ORESTES e depois a HERMES.)

Lembra-te, Orestes! Não permitas que o temor
domine a tua mente! E tu, Hermes divino,[14]
meu caro irmão, em cujas veias corre o sangue
de um deus que é nosso pai, zela também por ele!
Justifica teu nome e cuida de guiar

como um pastor fiel este meu suplicante!
Não podes ignorar o respeito de Zeus
pelos proscritos em circunstâncias iguais
às deste que te entrego para ser levado
ao julgamento dos mortais sem mais delongas,
com recomendações de sorte favorável.

(Sai APOLO. ORESTES *parte conduzido por* HERMES. *Aparece o* FANTASMA DE CLITEMNESTRA, *que se dirige ao* CORO DAS FÚRIAS *adormecidas.)*

FANTASMA DE CLITEMNESTRA

Dormis profundamente! Qual a serventia
de sonolentas como vós? Por vossa causa
sou vilipendiada no mundo dos mortos,
que não cessam de me humilhar qualificando-me
injuriosamente de assassina, lá,
vagando envergonhada em meio a tantas sombras!
Sou acusada nas profundezas do inferno
de um crime bárbaro e como se não bastasse,
após a minha morte nas mãos de meu filho
(destino atroz!) nenhum dos deuses se revolta
e mostra sua cólera a favor da mãe!
Vede com vossos corações estas feridas,
pois quando adormecida a mente é iluminada
e seus olhos são muitos, mas à luz do dia
nosso destino é totalmente imprevisível.
Ah! Quantas vezes viestes sugar em bandos
as minhas oferendas generosas,
as apaziguadoras libações sem vinho,
e vos propiciei banquetes numerosos
durante as noites sacrossantas nos altares
iluminados pelas chamas crepitantes
em horas execradas pelos outros deuses![15]
E vós calcastes tudo isso sob os pés!
Ele escapou e desapareceu daqui
como se fosse alguma corça ainda nova
livrando-se num salto ágil da armadilha
e zombando de vós com um riso sarcástico!
De pé, deusas das profundezas infernais!
Como num sonho invoco-vos, eu, Clitemnestra!

(Ouvem-se uivos do CORO DAS FÚRIAS. O FANTASMA DE CLITEMNESTRA dirige-se ao CORO.)

Uivai! Uivai! O homem desapareceu,
fugindo para longe! Ele tem seus amigos
e eu — pobre de mim! — não tenho um sequer!

(Ouvem-se novos uivos do CORO.)

Continuais dormindo e não vos comoveis
com meu enorme sofrimento! O criminoso,
o matricida Orestes, desapareceu!

(Ouvem-se gemidos do CORO.)

Gemeis, dormis... Não vos levantareis depressa?
Tendes outra função além de fazer mal?

(Ouvem-se novos gemidos do CORO.)

O sono e a fadiga, invictos conjurados,
consumiram as forças dos dragões terríveis!

CORO

(Entre uivos estridentes.)

Pegai! Pegai! Pegai! Tende cuidado!

FANTASMA DE CLITEMNESTRA

(Dirigindo-se ao CORIFEU.)

Agora persegues a fera em sonho e gritas
como esses cães que nunca deixam seu canil
para atacar a caça! Dize-me: que fazes?
Vamos! Levanta-te! Não te deixes vencer
pela fadiga a ponto de esquecer ofensas!
Incita o coração com justas reprimendas,
pois elas estimulam as pessoas sábias!
Exala sobre Orestes teu sangrento hálito!
Trata de ressecá-lo com o vapor de fogo

que sai insuportável de tuas entranhas!
Deve extenuá-lo até tirar-lhe o fôlego
numa perseguição feroz e implacável!

(Desaparece o FANTASMA DE CLITEMNESTRA*; as* FÚRIAS*, incitadas pelo* CORIFEU*, despertam uma após outra.)*

CORIFEU

Desperta, e tu, desperta outra companheira,
como já fiz contigo! Ainda estás dormindo?
Ergue-te e afasta já o sono de teus membros!
Não nos deixemos iludir ao persegui-lo!

CORO

Ai! Ai! Como temos sofrido, amigas!

UMA DAS FÚRIAS

Sofri demais e tudo foi inútil!

CORO

Sofremos tanto! Insuportáveis penas!
Rompendo a rede, a fera foi embora!

OUTRA FÚRIA

Perdi a presa! O sono me venceu!

CORO

Ages como um ladrão, filho de Zeus![16]
Sim! Tu, Apolo, um jovem deus, superas
idosas deusas! Só por piedade
proteges um indigno suplicante,
homem sem deus, cruel com sua mãe!
És deus, e nos roubas um matricida!
Quem pode ver justiça em tudo isto?

OUTRA FÚRIA

Do fundo de meus sonhos uma afronta,
brutal como o aguilhão que algum cocheiro
empunha firmemente, vem ferir-me
o coração e até minhas entranhas.
Sinto passar por mim um calafrio
mortificante, similar ao látego
do mais impiedoso dos verdugos.

CORO

Assim procedem os deuses mais novos,
ávidos de poder sobre este mundo
e descuidosos da santa justiça,
num trono maculado pelo sangue
desde seus pés até a cabeceira.

OUTRA FÚRIA

Tenho a impressão de ver com os próprios olhos
o centro deste mundo,[17] poluído
pelo sangue de um bárbaro homicídio!

CORO

Apolo, deus-profeta, conspurcou
seu próprio lar sem qualquer compulsão,
e sem ser provocado transgrediu
as sacras leis; por um simples mortal
o deus rasgou o pacto muito antigo.[18]

OUTRA FÚRIA

Agindo assim ele ganhou meu ódio
sem conseguir salvar seu protegido.
Ainda que se oculte sob a terra
Orestes não se livrará de nós.
Culpado de assassínio, onde ele for
encontrará por certo um vingador
disposto a golpeá-lo na cabeça.

APOLO

(Saindo de seu templo com um arco nas mãos, pronto para ser usado.)

Abandonai agora mesmo a minha casa!
Ordeno-vos! Deixai em paz o santuário
onde proclamo profecias verdadeiras;
se não obedecerdes sereis atingidas
pelas serpentes sibilantes de asas brancas[19]
que, saltando da corda de meu arco áureo,
vos forçarão a vomitar entre estertores
a negra espuma que deveis a tantos homens
e a expelir o sangue que sugastes deles!
Esta casa, de fato, não é adequada
à vossa companhia. Não! Vosso lugar
é lá onde há sentenças de degolamento
e olhos a ser arrancados, ou então
onde gargantas são abertas, ou ainda
onde, para extinguir toda a virilidade,
meninos são castrados, onde se mutila,
onde seres humanos morrem lapidados,
onde vítimas empaladas, gemebundas,
esvaem-se numa agonia interminável!
Ouvistes, monstros odiados pelos deuses,
a relação de vossas festas preferidas?
E vosso aspecto é condizente com tal gosto!
Deveríeis viver em antros de leões
sorvedores de sangue, em vez de poluir
os muitos visitantes do templo profético!
Ide pastar sem um pastor longe daqui,
pois deus nenhum desejaria tal rebanho!

CORIFEU

Ouve-me, Apolo rei; dá-me a palavra agora.
Não és um simples cúmplice; é toda tua,
de mais ninguém, a culpa neste crime horrível.

APOLO

Mas como? Fala apenas para responder!

CORIFEU

Teu santo oráculo ordenou ao suplicante
que assassinasse a própria mãe com suas mãos.

APOLO

O oráculo ordenou-lhe que vingasse o pai.

CORIFEU

E prometeste proteção ao assassino,
embora ainda houvesse sangue em suas mãos!

APOLO

Mandei-o vir aqui para expiar o crime.

CORIFEU

Por que, então, deténs suas perseguidoras?

APOLO

Porque neste lugar elas não são bem-vindas.

CORIFEU

Queremos simplesmente cumprir um dever.

APOLO

Mas, que dever? Exalta essas prerrogativas!

CORIFEU

Cumpre-nos expelir do lar os matricidas!

APOLO

E que fazes quando a mulher mata o marido?

CORIFEU

Não se derrama o mesmo sangue nesse crime.

APOLO

Degradas, reduzindo a pouco mais que nada,
um pacto cujos fiadores principais
são Hera,[20] padroeira das núpcias legítimas,
e o próprio Zeus; tuas palavras inda aviltam
Afrodite[21] divina, de quem tantos homens
recebem suas alegrias mais queridas.
O leito nupcial onde o destino une
o homem e a mulher, recebe a proteção
de um direito divino, cuja força enorme
excede a que garante os santos juramentos.
Se para aqueles que se matam uns aos outros
és a tal ponto complacente que te esqueces
e não os punes nem os marcas com teu ódio,
declaro iníqua essa perseguição a Orestes.
Percebo que teu coração quer castigar
apenas um dos crimes, enquanto se omite
da maneira mais clara em relação ao outro.
Palas, porém, irá pesar devidamente
os direitos das duas partes em litígio.

CORIFEU

Jamais permitirei que Orestes fique impune!

APOLO

Vai persegui-lo, então! Sofrerás mais por isso!

CORIFEU

Não me tiras os privilégios com palavras!

APOLO

Não me interessam privilégios como os teus!

CORIFEU

Dizem que teu poder junto ao trono de Zeus
é muito grande; quanto a mim, sou impelida
pelo sangue de uma desventurada mãe
e continuarei a perseguir Orestes
como se eu fosse um cão de caça em sua pista!

APOLO

Serei então perseverante na defesa
e salvação de quem me implora que o proteja.
É insuportável para os deuses e os mortais
a ira de um desesperado suplicante
contra quem o traiu depois de o apoiar.

(O CORO retira-se lentamente. Fecha-se a porta do templo de APOLO. O cenário muda para a Acrópole de Atenas, diante do templo de Palas Atena, à frente do qual se vê uma imagem da deusa. Entra HERMES conduzindo ORESTES, que abraça a imagem.)

ORESTES

Estou chegando aqui por ordem de Loxias,
Atena soberana; acolhe com clemência
um homem amaldiçoado. Já não sou
um suplicante cujas mãos estão impuras;
a minha mácula gastou-se e desbotou
na convivência amável com seres humanos
que me hospedaram em seus lares respeitáveis
enquanto eu vagueava por terras e mares.
Obediente ao mandamento de Loxias
em seu sagrado oráculo, chego afinal
ao pé de tua imagem e a teu templo, deusa!
Aqui aguardo o veredicto da Justiça!

(As FÚRIAS do CORO entram em cena, dispersas, seguindo as pegadas de ORESTES.)

CORIFEU

Ah! Muito bem! Já vejo rastros dele, e nítidos!

Sigamos a evidência de um delator mudo.
Como velozes cães de caça atrás de um cervo
recém-ferido, assim eu sigo a trilha dele
pelas gotas do sangue que ainda o maculam.
Meu coração fraqueja de cansaço e penas,
pois percorri a terra toda procurando-o
com minhas companheiras; afinal chegamos,
após vencer o mar e suas altas ondas,
voando sem ter asas e muito mais rápidas
que as naus velozes em suas longas viagens.
Agora Orestes deve estar acocorado
em um lugar qualquer pelas proximidades.
O odor de sangue humano faz-me gargalhar!

(O Coro dirige-se primeiro ao Corifeu; depois as várias Fúrias dirigem-se umas às outras.)

Coro

Abre teus olhos, esquadrinha tudo
para que o matador de sua mãe
não fuja astutamente e fique impune!

Uma das Fúrias

(Percebendo Orestes.)

Já posso vê-lo em sua tentativa
de proteger-se ainda desta vez.
Cingindo firmemente com seus braços
a santa imagem de Palas Atena,
ele afinal deseja ser julgado
pelo crime brutal de suas mãos.

Outra Fúria

Isto não pode acontecer! Não pode!
O sangue maternal, se derramado,
nunca, jamais poderá refluir!
Após correr e se entranhar na terra,
está perdido para todo o sempre!

OUTRA FÚRIA

Para aplacar a minha sede, Orestes,
enquanto vives deixa-me sugar
de tuas veias, em compensação,
essa bebida horrível que é o sangue
como se fosse uma oferenda rubra!

OUTRA FÚRIA

Esgotarei a tua força toda
e te transportarei ainda vivo
para os abismos mais fundos da terra,
onde afinal possas pagar o preço
que um matricida deve à sua mãe.

OUTRA FÚRIA

Lá te serão mostrados os sacrílegos
que ousaram ofender as divindades,
seus hóspedes ou seus progenitores,
sofrendo cada um a punição
imposta pela impávida justiça!

OUTRA FÚRIA

Hades,[22] nas profundezas infernais,
cobra sem compaixão alguma as dívidas
das criaturas cujas faltas guarda
com zelo sua alma onividente.

ORESTES

A desventura me ensinou muitas maneiras
de purificação, e também aprendi
a distinguir a hora de silenciar
da hora em que se tem direito de falar.
Em relação às circunstâncias atuais,
um mestre sábio me deu ordens peremptórias
para manifestar-me decididamente.
O sangue em minhas mãos está adormecido

e desbotou; a mácula do matricida
está lavada; ainda fresca em minha pele
ela foi removida por um deus — por Febo —
em seu altar, após a purificação
propiciada pela imolação de um porco.
Seria uma história longa mencionar
desde o princípio todas as pessoas
que visitei e não perderam a pureza
diante de minha presença e companhia
(com o perpassar do tempo tudo se desfaz).
Agora, então, posso invocar com lábios puros
e sem o risco de cometer sacrilégio
a deusa soberana desta região:
que Atena venha socorrer-me, e assim fazendo
sem recorrer às armas me conquistará
e além de mim a minha terra insigne, Argos,
e todos os seus numerosos habitantes
que passarão a ser desde hoje e para sempre
seus aliados mais leais e valorosos.
Ainda que ela esteja na distante Líbia,[23]
na região do rio Tríton, cujas margens
puderam vê-la na hora do nascimento,
seja em repouso, seja numa ação de guerra
levando a salvação à sua gente amada,
ou se estiver à frente de bravos soldados
comandando a defesa dos campos de Flegra[24]
— mesmo de longe os deuses ouvem os apelos —,
que venha a mim para salvar-me deste bando!

CORIFEU

Assim como não te salvou o próprio Apolo,
Atena também não te ajudará, Orestes!
Perecerás na mais completa solidão,
com tua alma abandonada para sempre
pela alegria — sombra privada do sangue
sugado pelas potestades infernais!

(ORESTES cospe na direção do CORIFEU.)

Não me respondes e te atreves a cuspir
sobre minhas palavras, tu, mísera vítima,

nutrida para ser sacrificada a mim!
Ainda vivo, sem sequer ser imolado,
serás a iguaria de nosso banquete!
Escuta o canto que te imobilizará!

(As FÚRIAS do CORO aproximam-se de ORESTES dançando com as mãos dadas.)

CORO

Fechemos este círculo dançante!
Cantemos este pavoroso hino
anunciando como nosso bando
reparte a sorte entre todos os homens!
Consideramo-nos as portadoras
da justiça inflexível; se um mortal
nos mostra suas mãos imaculadas,
nunca o atingirá nosso rancor
e sua vida inteira passará
isenta de todos os sofrimentos.
Mas quando um celerado igual a este
oculta suas mãos ensanguentadas,
chegamos para proteger os mortos
testemunhando contra o criminoso,
e nos apresentamos implacáveis,
para cobrar-lhe a dívida de sangue!

CORIFEU

Ah! Noite, minha mãe que me pariste
para dar o castigo inelutável
tanto a todas as criaturas vivas
como às que já não podem ver a luz,
escuta-me! O deus filho de Leto[25]
quer humilhar-me salvando esta presa
cujo destino é expiar morrendo
um crime sem perdão — o matricídio!

CORO

Em frente à nossa vítima cantamos
um hino dedicado às sacras Fúrias,

vertiginoso e delirante, a ponto
de provocar nos homens a loucura
e de lhes imobilizar a mente,
canto sem os acordes de uma lira
que os horroriza e os seca de medo.
O ofício que o destino inexorável
fixou e nos impôs eternamente
é perseguir todas as criaturas
lançadas por sua própria demência
na via tortuosa do homicídio
até descerem ao profundo inferno;
nem mesmo a morte as livrará da pena.
Quando nascemos foi-nos confiada
esta prerrogativa; os imortais
não podem estender as suas mãos
para usurpá-la, nem aparecer
como convivas em nossos banquetes,
mas, em compensação, nunca vestimos
roupas imaculadamente brancas;
nossa incumbência é destruir as casas
onde a Discórdia[26], sem ser convidada,
vem instalar-se perto da lareira
e causa a morte de um ente querido.
Por mais potente que seja o culpado
erguemo-nos imediatamente
e iniciamos a perseguição
até matá-lo na poça do sangue
ainda fresco da mísera vítima.
Aqui estamos e nosso propósito
é evitar que divindades novas
tenham de arcar com essa obrigação;
também queremos afirmar agora
que falta a qualquer deus autoridade
para afastar-nos de nosso dever;
então Orestes não pode sequer
ser conduzido à presença de um deles
em busca da divina decisão.
Zeus considera indigna de seu cetro
a vizinhança dessa gente impura
ainda maculada pelo sangue.
As glórias mais prezadas pelos homens
que vivem sob o céu se desintegram

e perdem-se aviltadas cá na terra
tangidas por nossos véus tenebrosos
e pelos malefícios oriundos
de nossos passos numa dança tétrica.
Saltamos com nossos pés vigorosos
para pisotear pesadamente
até os corredores mais velozes.
Em sua insanidade Orestes cai,
sem perceber, num delírio que o perde
(é impenetravelmente negra a noite
que sua mácula envolvente estende
sobre seus olhos, como se o cegasse),
enquanto uma nuvem sombria desce
e encobre todo o palácio paterno
de acordo com rumores aflitivos.
Eis-nos aqui; lentas para pensar
mas decididas para executar,
nunca esquecendo os crimes praticados,
nós, as temíveis, temos o poder
de bem cumprir nossa missão, humildes
e desprezadas, distantes dos deuses
num pântano sem sol, intolerável
para quem já morreu e para os vivos.
Então, qual o mortal que pode ouvir
sem reverência e sem grande temor
a lei que nos impôs outrora a Parca,
ratificada por todos os deuses?
Ainda é nosso um apanágio antigo
e não nos faltam altas honrarias,
embora moremos num negro abismo
onde jamais entrou a luz do sol.

(Entra Atena.*)*

Atena

Ouvi de muito longe um estridente apelo
enquanto andava às margens do Escamandro;[27]
lá eu tomava posse da terra pujante
que os reis e comandantes dos aqueus[28] valentes
me consagraram como o dom mais valioso
dos ricos despojos de guerra, e cujo solo

agora me pertence para todo o sempre
como o quinhão mais precioso oferecido
aos bravos filhos de Teseu.[29] Venho de lá
trazida por meus ágeis pés infatigáveis,
impulsionando aos ventos como se asa fosse
a minha sacra égide enfunada, à guisa
de carro a que se atrelam céleres corcéis.
Agora, vendo à minha frente um bando insólito
de visitantes, não me sinto temerosa,
porém há em meus olhos natural espanto.

(Dirigindo-se às FÚRIAS do CORO.)

Quem sois, então? Estou falando a todos vós:
ao estrangeiro piamente acocorado
aos pés de minha imagem, e também a vós,
cuja figura estranha em nada se assemelha
a criatura alguma (os deuses não vos contam
entre os numes celestes e vossas feições
em nada lembram as dos homens e mulheres).
Mas insultar quem não nos deu qualquer motivo
para ser denegrido ou mesmo censurado,
além de ser injusto é contra a equidade.

CORIFEU

Irás saber de tudo resumidamente,
filha de Zeus: somos as tristes descendentes
da negra Noite; nas profundezas da terra,
onde moramos, chamam-nos de Maldições.

ATENA

Agora sei quem sois e o nome que vos dão.

CORIFEU

Logo conhecerás nossas prerrogativas.

ATENA

Se me falardes claramente, saberei.

CORIFEU

Fomos buscar em sua casa um assassino.

ATENA

E para onde o leva essa perseguição?

CORIFEU

Para um lugar onde ninguém se sente alegre.

ATENA

E o maldizeis com gritos quando ele vos foge?

CORIFEU

É, sim, pois ele ousou matar a própria mãe.

ATENA

Alguém o constrangeu a cometer o crime,
ou ele tinha medo de alguma vingança?

CORIFEU

Mas, pode a compulsão levar ao matricídio?

ATENA

Estão aqui neste momento duas partes
e ouvi apenas a metade dessa história.

CORIFEU

Mas, ele não jurou, nem quis que nós jurássemos...[30]

ATENA

Quereis parecer justas, mas não estais sendo.

CORIFEU

Que pretendes dizer? Explica-te melhor,
pois bem se vê que não és pobre em sapiência.

ATENA

Digo que os juramentos não têm o poder
de transformar uma injustiça em ato justo.

CORIFEU

Então, depois de ouvi-lo julga retamente.

ATENA

Pretendeis confiar-me a decisão da causa?

CORIFEU

E por que não? Assim seremos reverentes
a quem é digna de nossa veneração.

ATENA

(Dirigindo-se a ORESTES.)

Agora é tua vez; responde-me, estrangeiro.
Primeiro fala-me da terra onde nasceste,
de tua raça e também de teus infortúnios,
antes de dar respostas às acusações.
Se tens de fato confiança na justiça,
tu, que procuras proteção junto ao meu templo
e envolves minha santa imagem com teus braços,
como se fosses piedoso suplicante
igual ao celebrado Ixíon,[31] esclarece-me
sobre os reais motivos da perseguição.

ORESTES

Atena soberana! Devo começar
por tuas últimas palavras, pois assim

desfaço logo tuas preocupações.
Não sou um ser maldito, nem estou aqui
ao pé de tua imagem com mãos maculadas,
e disso posso dar-te uma prova cabal.
A lei aqui impõe silêncio ao criminoso
até o dia em que um purificador
do sangue derramado esparja sobre ele
o sangue de um animalzinho degolado.
Há muito tempo me livrei de minha mácula
nos lares por onde passei e nas viagens
que fiz por tantas terras e através dos mares.
Tira de tua mente, então, os teus cuidados.
Quanto ao meu nascimento, logo saberás:
Argos é minha pátria; o nome de meu pai
(tu o conheces muito bem) é Agamêmnon,
comandante de homens e naus; com tua ajuda
ele fez Troia desaparecer da terra.
Esse famoso rei morreu ingloriamente
no dia em que, depois de terminada a guerra,
voltou vitorioso ao lar. A minha mãe,
levando a termo seus desígnios tenebrosos,
atreveu-se a matá-lo depois de envolvê-lo
numa rede tecida em cores variadas,
que ainda existe para ser um testemunho
do crime pérfido dentro de uma banheira.
Após um longo exílio regressei à pátria
e matei minha mãe — não negarei o fato —
para punir a morte de meu pai querido.
Tão responsável quanto eu pelo homicídio
é o próprio Apolo, cujo oráculo veraz
para incitar meu coração mostrou-me as penas
que eu sofreria se não quisesse cumprir
as suas ordens para punir os culpados.
Decide tu se meu ato foi justo ou não;
estou em tuas mãos; haja o que houver comigo
aceito resignadamente o veredicto.

ATENA

Se se considerar que o caso é muito grave
para ser decidido por simples mortais,
tampouco terei permissão para julgar

os criminosos motivados em seus atos
pelo desejo rancoroso de vingança;
sob outro aspecto, chegas como suplicante,
purificado pelos ritos pertinentes
e inofensivo para o meu sagrado altar.
Por isso minha decisão é acolher-te,
pois tua vinda não ofende esta cidade.
Mas estas criaturas que te perseguiram
sem dúvida são detentoras de direitos
merecedores de toda a nossa atenção;
se lhes negarmos a vitória em sua causa
todo o veneno do seu ódio cairá
sobre esta terra como um mal intolerável
trazendo-nos intermináveis amarguras.
Nesta situação, quer eu lhes dê ouvidos,
quer não as favoreça, terei de sofrer
inevitáveis dissabores. Entretanto,
já que a questão chegou a meu conhecimento
indicarei juízes de crimes sangrentos,
todos comprometidos por um juramento,
e o alto tribunal assim constituído
terá perpetuamente essa atribuição.[32]
Apresentai, então, vós que estais em litígio,
testemunhas e provas — indícios jurados
bastante para reforçar vossas razões.
Retornarei depois de escolher os melhores
entre todos os cidadãos de minha Atenas,
para que julguem esta causa retamente,
fiéis ao juramento de não decidirem
contrariamente aos mandamentos da justiça

(Sai ATENA.*)*

CORO

Prognosticamos para muito breve
o advento de uma grave subversão
devida a novas leis, se triunfar
a causa torpe deste matricida!
Logo seu crime justificará
o desrespeito de todos os homens,

e talhos incontáveis de punhais
licitamente dados pelos filhos
serão a recompensa de seus pais
antes de se passarem muitos anos!
Isso acontecerá porque as Fúrias,
cuja incumbência é vigiar os homens,
terão cessado displicentemente
de provocar rancor contra assassinos.
A partir deste dia soltaremos
os freios que até hoje contiveram
os homicidas de todos os tipos.
Os homens perguntar-se-ão atônitos
(cada um deles prestes a contar
as desventuras de seus semelhantes)
quando terminarão suas desditas
ou quando poderão ter uma trégua,
mas seu único alívio — ah! infelizes! —
será trocar conselhos e remédios
inúteis para a cura de seus males!
E quando algum mortal for atingido
pelo infortúnio, não nos peça ajuda
nem nos invoque desvairadamente:
"Ah! Fúrias em seus tronos! Ah! Justiça!"
Talvez esses gemidos tristes venham
de um pai ou de uma transtornada mãe,
vítimas novas de um destino insólito,
pois a justiça neste dia vê
que seu reduto está desmoronando!
Às vezes o temor é bom e deve,
como se fosse um guardião da mente,
manter-se vigilante em seu lugar.
É útil aprender sabedoria
tendo por mestre o próprio sofrimento.
Quem não refreia o coração com o medo
— tanto as cidades como os habitantes —
não é capaz de curvar-se à justiça.
Não deveis submeter-vos nesta vida
nem à anarquia nem ao despotismo.
Sempre a prudência é vitoriosa
pois deram-lhe os deuses o privilégio
de limitar até os seus poderes.
Cabem aqui palavras oportunas:

a insolência é filha predileta
da falta de respeito às divindades;
ao contrário, a felicidade nasce
da sã razão, e todos os mortais
clamam por ela em suas orações.
Pensando em tudo isso repetimos:
a lei suprema impõe que se venere
o altar santificado da justiça
em vez de com pés ímpios ultrajá-lo
cedendo à sedução de uma vantagem;
o castigo virá e ao desenlace
nenhuma criatura escapará.
Então, elevem-se acima de tudo
o respeito sempre devido aos pais
e a hospitalidade a quem a pede.
Quem por si mesmo e sem constrangimento
sabe ser justo, será venturoso
e nunca estará totalmente morto.
Mas o contestador audacioso
curvado ao peso de muitas riquezas
amontoadas de qualquer maneira
e contra os mandamentos da justiça,
será forçado no devido tempo
— isso eu garanto! — a recolher as velas
quando a tormenta de castigos duros
cair com violência sobre a nau
partindo o mastro que lhe foge às mãos;
ele faz preces que ninguém escuta
e luta inutilmente pela vida
sob o açoite das vagas revoltas.
Os céus riem ao ver o insolente
que não pôde prever a hora trágica
e agora desespera ao enfrentar
tamanha desventura sem remédio,
incapaz de vencer os vagalhões.
No choque violento e irresistível
contra os escolhos da justiça atenta
o infeliz vê naufragar, perdido,
sua prosperidade anterior
e sem uma lamentação sequer
perece para ser logo esquecido.

(ATENA reaparece seguida por um arauto que apresenta os juízes. Estes sentam-se de frente para o público, enquanto o CORO DAS FÚRIAS se agrupa em um dos lados do proscênio. ORESTES, obedecendo a um gesto dos juízes, fica de pé em frente ao CORO.)

ATENA

Dá um sinal, arauto, impondo ao povo a ordem
e faze com que repercuta até o céu
a tua estrídula trombeta da Tirrênia,[33]
levando até os ouvidos desta multidão
a tua voz aguda. Enquanto o tribunal
estiver reunido, faça-se silêncio,
pois a cidade terá de escutar as leis
que aqui e agora crio para persistirem
até o fim dos séculos; graças a elas
estes juízes poderão fazer justiça.

(Entra APOLO.)

CORIFEU

Limita a tua força, Apolo, a teus domínios!
Dize, senhor: que tens a ver com esta causa?

APOLO

Estou chegando aqui para testemunhar.

(Apontando para ORESTES.)

Este mortal, de acordo com os sacros ritos,
além de ser meu suplicante é um fiel
sempre bem-vindo junto ao meu altar; fui eu
quem o purificou do sangue derramado;
estou aqui também como seu defensor
e, mais ainda, como responsável máximo
pelo crime de morte contra sua mãe.

(Dirigindo-se a ATENA.)

Abre o debate e passa a conduzir a causa

sempre de acordo com a tua sapiência.

ATENA

(Dirigindo-se às FÚRIAS do CORO.)

Quero dizer-vos que a palavra agora é vossa
e declarar que estão abertos os debates.
Falando em primeiro lugar, o acusador
deve instruir-nos claramente sobre os fatos.

CORIFEU

Embora sendo muitas, falaremos pouco.

(Dirigindo-se a ORESTES.)

Dá a cada pergunta uma resposta lúcida;
dize primeiro se mataste a tua mãe.

ORESTES

Matei-a, sim, e não posso negar o fato.

CORIFEU

Já nos é favorável uma das três quedas.[34]

ORESTES

Ainda não caí; por que te vanglorias?

CORIFEU

Revela, então, como te atreveste a matá-la.

ORESTES

Direi: com minha espada cortei-lhe a garganta.

CORIFEU

Quem te persuadiu? Que conselhos te deram?

ORESTES

(Apontando para APOLO.*)*

Foi este deus que agora é minha testemunha.

CORIFEU

O deus-profeta comandou o matricídio?

ORESTES

Foi ele, e não me queixarei de meu destino.

CORIFEU

Não pensarás assim após o veredicto!

ORESTES

Tenho fé em meu pai; ele me ajudará!

CORIFEU

Tu, que mataste a tua mãe, tens fé nos mortos?

ORESTES

Ela se maculou em dois assassinatos.

CORIFEU

Mas, como? Explica-te diante dos juízes!

ORESTES

Matando seu marido, ela matou meu pai!

CORIFEU

Mas vives, e ela já se redimiu morrendo.

ORESTES

E por que não a perseguiste e a puniste
com o doloroso exílio enquanto ela viveu?

CORIFEU

Em suas veias não corria o mesmo sangue
daquele homem cuja vida ela tirou.

ORESTES

Pensas que eu e ela somos consanguíneos?

CORIFEU

Quem senão ela te nutriu no próprio ventre?
Renegas, assassino, o precioso vínculo
que é o mesmo sangue unindo mãe e filho?

ORESTES

Dá-nos agora, Apolo, teu depoimento:
explica claramente se quando a matei
agi de acordo com os ditames da justiça.
Não vou negar a prática do ato em si,
mas desejo saber se em tua opinião
este homicídio pode ser justificado;
desfaze as minhas dúvidas e as dos juízes!

APOLO

Falar-vos-ei, membros do egrégio tribunal
recém-instituído pela deusa Atena,
seguindo os retos mandamentos da justiça
(sendo profeta, não posso dizer mentiras).
Do alto de meu santo trono oracular
jamais pronunciei uma simples palavra

falando a homens ou mulheres ou cidades,
que não fosse inspirada pelo próprio Zeus,
pai dos deuses olímpicos. Ficai atentos
à minha ponderosa justificação;
exorto-vos a prestar-lhe toda a atenção
e a ser submissos à vontade de meu pai;
juramento nenhum deve prevalecer
sobre os desígnios de Zeus todo-poderoso.

CORIFEU

Veio de Zeus, segundo tu mesmo disseste,
a determinação oracular a Orestes
para vingar o assassinato de seu pai
sem nada impor em relação à sua mãe?

APOLO

Sim, veio, pois é totalmente diferente
a morte de um herói ilustre, respeitado
por ser o detentor do cetro instituído
graças à vontade divina; mais ainda:
ele foi atingido por uma mulher
não com um arco excepcional de longo alcance,
desses usados pelas bravas amazonas
e sim da forma insidiosa que ouvireis,
tu, Palas, e vós, os juízes impolutos,
sentados nesta corte para decidir
com vossos votos a questão em julgamento.
O marido voltava de uma guerra longa,
depois de vencer quase todas as batalhas;
sua mulher o recebeu com falso amor,
e levou-o a banhar-se; quando ele saía
da banheira sinistra, ela o envolveu
num longo manto e num instante o abateu,
preso naquele pano cheio de bordados
como se fosse uma armadilha sem saída.
Foi este o fim ignóbil de um herói sem par,
o comandante em chefe de naus incontáveis.
Minha intenção falando assim é despertar
a justa indignação das pessoas presentes
das quais depende agora a decisão da causa.

CORIFEU

Levando em consideração tuas palavras,
Zeus tem especial estima pelos pais;
ele, porém, acorrentou seu próprio pai,
o antigo Cronos; como conciliarás
tua argumentação com a conduta dele?[35]

(Dirigindo-se aos juízes.)

Conclamo-vos a prestar atenção a isto.

APOLO

Ah! Monstros execrados por todos os seres,
e detestados pelos deuses imortais!
Zeus sabe desatar correntes e conhece
remédios para todas as situações
e numerosos meios para resolvê-las;
mas quando morre um homem e seu sangue quente
encharca a terra, nada o traz de volta à vida.
Meu pai não tem contra esse mal recurso algum,
ele que pode derribar ou levantar
todas as coisas sem a mínima fadiga.

CORIFEU

Atenta, então, ao modo pelo qual defendes
a inocência dele: deverá Orestes,
que derramou no chão o sangue maternal,
morar em Argos, no palácio de seu pai?
A que altares públicos de sua pátria
ele terá acesso para sacrifícios?
Que confraria lhe dará consentimento
para purificar-se com água lustral?

APOLO

Responderei também a isso e saberás
que todos os meus argumentos são corretos.
Aquele que se costuma chamar de filho
não é gerado pela mãe — ela somente

é a nutriz do germe nela semeado —;
de fato, o criador é o homem que a fecunda;
ela, como uma estranha, apenas salvaguarda
o nascituro quando os deuses não o atingem.
Oferecer-te-ei uma prova cabal
de que alguém pode ser pai sem haver mãe.
Eis uma testemunha aqui, perto de nós
— Palas, filha do soberano Zeus olímpico —,
que não cresceu nas trevas do ventre materno;
alguma deusa poderia por si mesma
ter produzido uma criança semelhante?[36]
De minha parte, Palas, sábio como sou,
darei glória a teu povo e à tua cidade;
quanto a Orestes, que chegou até aqui
como teu suplicante, fui seu condutor
até a frente de teu templo e tua imagem;
ele te traz a sua eterna devoção
e a segurança de que terás nele mesmo
e em todos os seus descendentes no porvir
os aliados mais fiéis aos juramentos.

ATENA

(Dirigindo-se ao CORO DAS FÚRIAS.)

Devo chamar, então, os juízes presentes
para depositarem no fundo da urna
seus votos conscientes e bastante justos,
já que tudo foi ponderado e dito aqui?

CORIFEU

Já disparamos todas as flechas que tínhamos;
agora só nos interessa o veredicto.

ATENA

(Dirigindo-se a APOLO e a ORESTES.)

Em relação a vós, que me cumpre fazer
para não merecer vossa reprovação?

APOLO

(Dirigindo-se aos juízes.)

Ouvistes o que ouvistes; ao votar, amigos,
lembrai-vos do que vosso coração jurou.

ATENA

Prestai toda a atenção ao que instauro aqui,
atenienses, convocados por mim mesma
para julgar pela primeira vez um homem,
autor de um crime em que foi derramado sangue.
A partir deste dia e para todo o sempre
o povo que já teve como rei Egeu[37]
terá a incumbência de manter intactas
as normas adotadas neste tribunal
na colina de Ares,[38] onde as Amazonas,
iradas com Teseu,[39] instalaram seus tronos
e ergueram suas tendas quando aqui chegaram
na tentativa de conquistar a cidade;
em frente à fortaleza dos atenienses
elas ergueram as muralhas altaneiras
da nova cidadela; nas proximidades
fizeram santos sacrifícios ao deus Ares,
dando por isso à elevação rochosa
o nome preservado de Colina de Ares.
Sobre esta elevação digo que a Reverência
e o Temor, seu irmão, seja durante o dia,
seja de noite, evitarão que os cidadãos
cometam crimes, a não ser que eles prefiram
aniquilar as leis feitas para seu bem
(quem poluir com lodo ou com eflúvios turvos
as fontes claras, não terá onde beber).
Nem opressão, nem anarquia: eis o lema
que os cidadãos devem seguir e respeitar.
Não lhes convém tampouco expulsar da cidade
todo o Temor; se nada tiver a temer,
que homem cumprirá aqui os seus deveres?
Se fordes reverentes ao poder legítimo,
nele tereis um baluarte inexpugnável
de vosso território e de vossa cidade,

como nenhum povo possui nem lá na Cítia,[40]
nem mesmo na famosa pátria do herói Pêlops.[41]
Proclamo instituído aqui um tribunal
incorruptível, venerável, inflexível,
para guardar, eternamente vigilante,
esta cidade, dando-lhe um sono tranquilo.
Eis a mensagem que vos quero transmitir,
atenienses, pensando em vosso futuro.
Levantai-vos agora de onde estais, juízes,
e decidi com vossos votos esta causa.

(Os juízes levantam-se um de cada vez para depositar os votos na urna, enquanto APOLO *e o* CORIFEU *altercam.)*

CORIFEU

Nossa presença pesará sobre esta terra
se tentares privar-nos de nossos direitos!

APOLO

De minha parte, exorto-vos a respeitar
as profecias que não são apenas minhas,
pois vêm de Zeus também! Não mateis os seus frutos!

CORIFEU

Estás intrometendo-te em crimes sangrentos,
que nada têm a ver com tuas profecias;
se persistires não terás os lábios puros
para exercer tuas funções oraculares.

APOLO

Então meu pai estava errado quando Ixíon,[42]
o primeiro assassino, aproximou-se dele
pedindo proteção como seu suplicante?

CORIFEU

Disseste estas palavras! Se nos derrotares,
nossa presença trará males para Atenas!

APOLO

Sois desprezadas tanto pelos deuses novos
como pelos antigos! Vereis meu triunfo!

CORIFEU

No palácio de Feres[43] já agiste assim,
persuadindo as Parcas a dar vida eterna
a criaturas destinadas a morrer.

APOLO

Não pensais que é justo ser benevolente
com quem nos dirige uma prece reverente,
ainda mais quando precisa de socorro?

CORIFEU

Anulas a partilha feita há muito tempo
e enganas com teu vinho antigas divindades!

APOLO

Desgosta-vos a decisão a ser tomada
e apenas cuspireis sobre quem vos enfrenta
um veneno de agora em diante inofensivo.

CORIFEU

Sentes prazer em humilhar nossa velhice,
deus novo; espero ouvir o veredicto aqui,
freando a minha ira contra esta cidade.

ATENA

Serei a última a pronunciar o voto
e o somarei aos favoráveis a Orestes.[44]
Nasci sem ter passado por ventre materno;[44a]
meu ânimo sempre foi a favor dos homens,
à exceção do casamento; apoio o pai.
Logo, não tenho preocupação maior

com uma esposa que matou o seu marido,
o guardião do lar; para que Orestes vença,
basta que os votos se dividam igualmente.

(Dirigindo-se aos juízes.)

Depositai depressa os votos nesta urna,
juízes incumbidos de uma decisão.

(Os juízes depositam e pouco depois tiram os votos da urna e os separam diante de ATENA.)

ORESTES

Ah! Febo Apolo! Qual será o veredicto?

CORIFEU

Ah! Noite negra, nossa mãe! Vês tudo isto?

ORESTES

Degolam-me ou inda verei a luz do dia?

CORIFEU

E para nós a ruína, ou conservar ainda
nossas prerrogativas imemoriais?

APOLO

(Dirigindo-se aos juízes.)

Contai exatamente os votos, meus amigos;
ao separá-los evitai erros ou fraude.
Um voto a menos pode provocar desastres
e um voto a mais pode ressuscitar um lar.

(Os votos são mostrados a ATENA.)

ATENA

(Apontando para ORESTES.)

Ele foi absolvido de um crime de morte!
Os votos dividiram-se em somas iguais.

(Sai APOLO.*)*

ORESTES

Atena, deusa salvadora de meu lar!
Depois de expulso até da terra de meus pais,
graças a ti ela me será devolvida!
Ah! Finalmente poderei ouvir dos gregos:
"Orestes hoje volta a ser um dos argivos
e o dono do palácio em que seu pai morou!"
Graças a Palas e a Loxias, e também
graças a Zeus, o meu terceiro salvador,
que sempre ressentido por causa da morte
de meu querido pai e vendo a insistência
das Fúrias em querer vingar a minha mãe,
neste momento me concede a salvação!

(Dirigindo-se a ATENA.*)*

Quero fazer o juramento mais solene,
eternamente válido, em tua cidade
e na presença de teu povo generoso
neste momento em que recupero meu lar:
jamais um homem investido no poder
em Argos, que é meu reino, empunhará as armas
contra tua cidade; eu mesmo, de meu túmulo,
provocarei a perdição dos transgressores
do santo juramento feito neste instante,
lançando sobre eles males sem remédio,
tirando-lhes o ânimo durante a marcha
e pondo em sua rota lúgubres presságios,
levando-os a desistirem de seus planos,
Se, ao contrário, houver o devido respeito
às minhas palavras juradas e os argivos
honrarem para sempre a cidade de Palas,
e a socorrerem como fiéis aliados,
hei de favorecê-los por todos os séculos.[45]
Digo-te adeus agora e também me despeço
de teu valente povo! Habitantes de Atenas!

Desejo que nas lutas contra os inimigos
nenhum destes se salve, e vossas investidas
vos tragam salvação e vitória na guerra!

(Sai ORESTES.*)*

CORO

Ah! Deuses novos! Como espezinhais
as leis antigas, pois arrebatais
de nossas mãos o que sempre foi nosso!
E nós, infortunadas e menosprezadas,
faremos com que este solo sinta
o peso todo de nosso rancor!
Ai! Ai de nós! Nosso mortal veneno
vai ser a arma de cruel vingança!
As gotas, destiladas uma a uma
por nossos corações, custarão caro
a este povo e à sua cidade;
uma praga mortal sairá delas,
fatal a todos os frutos da terra
e aos vossos filhos! Ah! Nossa vingança!
Caindo sobre vosso chão, a praga
será a ruína deste território!
Gememos sem saber o que fazer!
Ah! Nós, filhas da tenebrosa Noite,
sofremos a maior humilhação!

ATENA

Ouvi-me: basta de soluços aflitivos!
Não vos considereis vencidas, pois da urna
saiu uma sentença ambígua, cujo efeito
é pura e simplesmente dar força à verdade
mas sem vos humilhar. Zeus todo-poderoso
mandou sinais capazes de causar espanto,
anunciando ao próprio Orestes que seu ato
não acarretaria castigos divinos.
Vossa vontade é derramar sobre esta terra
a vossa ira; peço-vos que reflitais
em vez de agir obedecendo aos vossos ímpetos;
não insistais em tornar este solo estéril

deixando transbordar de vossos lábios sacros
uma espuma raivosa que destruiria
todos os germes produtores de alimentos.
Desejo oferecer-vos de maneira justa
asilo e proteção nesta cidade; aqui,
no trono de vossos altares reluzentes,
tereis assento e o respeito de meu povo.

CORO

Ah! Deuses novos! Reduzis a nada
as leis antigas, pois estais tirando
de nossas mãos o que sempre foi nosso!
E nós, infortunadas e aviltadas,
faremos com que este solo sinta
o peso todo de nosso rancor!
Ai! Ai de nós! Nosso mortal veneno
vai ser a arma de cruel vingança!
As gotas, destiladas uma a uma
por nossos corações, custarão caro
a este povo e à sua cidade;
uma praga mortal sairá delas,
fatal a todos os frutos da terra
e aos vossos filhos! Ah! Nossa vingança!
Caindo sobre vosso chão, a praga
será a ruína deste território!
Gememos sem saber o que fazer!
Ah! Nós, filhas da tenebrosa Noite,
sofremos a maior humilhação!

ATENA

Não fostes humilhadas; deveis evitar
que vossa imensa cólera vos estimule
a perseguir encarniçadamente os homens!
Deixai que a terra escute as preces deles, deusas!
Mas meu apoio é Zeus e — por que não dizer? —
apenas eu entre todas as divindades
sei a maneira de abrir o compartimento
onde os raios divinos estão encerrados
(aqui, porém, eles não nos são necessários).
Exorto-vos a crer sinceramente em mim!

Que vossas bocas furiosas nunca mais
lancem sobre este solo fértil maldições
capazes de matar tudo que existe aqui!
Deixai adormecer o lacerante ímpeto
dessa torrente de rancor e recebei
as honrarias que vos cabem por direito!
Vinde viver comigo aqui e neste solo;
a partir deste dia todas as primícias,
as oferendas todas pelos nascimentos
e pelos himeneus vos serão reservadas!
Ouvi-me e sempre louvareis o meu conselho!

CORO

Nós, deusas muito antigas, não queremos
ter esta sorte e residir aqui
como seres impuros e malditos!
Não! Todas nós estamos respirando
a mais intensa cólera e vingança!
Ah! Terra e céu! Ah! Quanto sofrimento
invade agora nossos corações!
Ouve-nos, Noite! Ouve-nos, nossa mãe!
Deuses maliciosos e perversos
despojam-nos de nossas honrarias,
nunca negadas e hoje suprimidas!

ATENA

Perdoarei a vossa cólera incontida,
pois já vivestes realmente muito tempo.
Mas, se vosso conhecimento excede o meu,
Zeus me dotou também de alguma sapiência.
Se preferirdes ir para terras distantes,
lamentareis por não terdes ficado aqui.
Agora ireis ouvir a minha profecia:
o tempo, em seu fluxo incessante, há de trazer
glórias inda maiores para minha Atenas,
e vós, de vosso trono em solo esplendoroso,
ao lado da morada do rei Erecteu,[46]
vereis chegarem numerosas procissões
de homens e mulheres para vos trazerem
presentes que em outros lugares não teríeis.

Mas, quanto a vós, quero pedir-vos um favor:
não empunheis esses sangrentos aguilhões
que dilaceram peitos jovens, e sem vinho
os embriagam em furores delirantes.
Também espero que não seja vosso intuito
exacerbar, como se os homens fossem galos,
a cólera no coração dos cidadãos
e neles instilar a sede de homicídios
que lança irmãos insanamente contra irmãos
até levá-los ao extermínio recíproco;
deixai que eles preservem sua valentia
para lutar contra inimigos estrangeiros,
sempre ao alcance de quem traz no coração
um desejo febril de glória verdadeira,
mas não queremos ter notícia em tempo algum
de pássaros lutando na mesma gaiola.
Aqui está o que podeis obter de mim;
fazer e receber o bem e ser benditas
e veneradas numa terra mais que todas
querida pelos deuses, da qual vós sereis
desde este dia distinguidas cidadãs.

CORO

Nós, deusas muito antigas, não queremos
ter esta sorte e residir aqui
como seres impuros e malditos.
Não! Todas nós estamos respirando
a mais intensa cólera e vingança!
Ah! Terra e céu! Ah! Quanto sofrimento
invade agora nossos corações!
Ouve-nos, Noite! Ouve-nos, nossa mãe!
Deuses maliciosos e perversos
despojam-nos de nossas honrarias,
nunca negadas e hoje suprimidas!

ATENA

Jamais me cansarei de tentar convencer-vos
de que vos convém aceitar minhas promessas;
não quero que penseis que eu, deusa mais nova,
e os muitos habitantes de minha cidade,

tivemos a intenção de expulsar desta terra
deusas antigas em vez de homenageá-las.
Se venerais a sagrada Persuasão,
que faz minhas palavras parecerem mágicas
e cheias de doçura, concordai comigo
e sede para todo o sempre minhas hóspedes.
Mas, se não concordardes, sereis certamente
iníquas, deixando cair sobre a cidade
ódio, rancor e males contra os habitantes,
pois tendes minha permissão para gozar
de todos os direitos de cidadania,
glorificadas entre nós eternamente.

CORIFEU

Mas, onde moraremos, soberana Atena?

ATENA

Num lugar onde não há penas; aceitai-o!

CORIFEU

Se o aceitarmos, como nos distinguirão?

ATENA

Sem vossa bênção, nenhum lar prosperará.

CORIFEU

Teremos com certeza todo este poder?

ATENA

Só terão minha proteção vossos devotos.

CORIFEU

E manterás tua palavra para sempre?

ATENA

Nada me obriga a prometer o que não quero.

CORIFEU

Abrandas meu rancor e renuncio ao ódio.

ATENA

Ficando aqui, conquistareis novos amigos.

CORIFEU

Que bênçãos deveremos invocar agora
para tua cidade em nossos hinos? Dize!

ATENA

Aquelas que trazem vitórias sem tristeza.
Que soprem sobre esta cidade brisas calmas
vindas da terra, do profundo mar, do céu,
sob os raios propícios do brilhante sol!
Que o solo rico e os rebanhos nunca deixem
de dar prosperidade ao povo ateniense!
Que a semente dos homens seja protegida!
Que os descuidosos da veneração dos deuses
sejam ceifados sem nenhuma piedade,
pois como um jardineiro sempre cuidadoso
gosto de ver os mortais justos prosperarem
como uma plantação livre de ervas daninhas.
Aí estão as bênçãos que vós nos trareis.
Quanto às lides guerreiras, cuidarei eu mesma
de que elas sempre glorifiquem a cidade
proporcionando-lhe vitórias de seus homens.

CORO

Então queremos conviver com Palas
e nunca aviltaremos a cidade
que ela e Zeus onipotente e Ares
exaltam como invicta fortaleza,

brilhante baluarte dos altares
santificados por todos os deuses!
Alçamos nossos votos fervorosos
e nossas profecias mais propícias
para que o vívido esplendor do sol
faça brotar da terra generosa,
em transbordante e eterna plenitude,
as bênçãos que tornam feliz a vida!

ATENA

Levada pelo amor a este povo,
deixo com ele as deusas poderosas
mas de trato difícil; seu encargo
é dirigir a vida dos mortais.
Quem não pautar a conduta na vida
pelos ditames destas divindades
temíveis por seu poder inconteste,
não poderá compreender a origem
dos golpes que recebe em sua vida.
Por causa dos pecados de seus pais,
os homens são levados a enfrentá-las
e a morte muda, embora suas vítimas
tentem detê-las com palavras ásperas,
destrói-as em obediência apenas
ao rancor implacável destas deusas.

CORO

Que nunca os ventos cheios de miasmas
soprem para matar as vossas plantas!
Graças a nós o fogo irresistível,
cujo calor consome a floração,
nunca ultrapassará vossas fronteiras
e o triste mal destruidor das frutas
não se aproximará de vossas árvores!
Que os campos generosos sempre aumentem
as vistosas ovelhas fecundadas
para terem belos cordeiros gêmeos
quando chegar a hora prefixada!
E praza aos céus que as riquezas guardadas
no solo cheio de grandes tesouros

vos permitam retribuir aos deuses
as dádivas do ganho inesperado!

ATENA

Ouvistes, guardiães desta cidade,
o que elas deverão fazer por vós?
Grande poder têm as augustas Fúrias
junto aos deuses do Olimpo e mais ainda
às divindades do profundo inferno.
Para os mortais são elas que, sem dúvida
e plenamente, dão a uns razões
para cantar e a outros para o pranto.

CORO

Livramo-vos da morte prematura
que ceifa impiedosamente os jovens.
Vós, que determinais a vida humana,
divinas Parcas,[47] filhas como nós
da negra Noite, distribuidoras
da equidade, vós que sois os árbitros
da sorte de todas as criaturas,
proporcionai às virgens a ventura
de ter um dia esposos a seu lado!
Vós, que tendes lugares exclusivos
nos lares, confirmai vossa presença
de paladinas da sacra justiça,
deusas mais respeitadas neste mundo!

ATENA

Alegra-me que com bons sentimentos
vós concordeis em confirmar as bênçãos
para minha cidade; manifesto-me
grata à Persuasão, cujos olhares
guiaram minha voz e os lábios meus
em face de vossa feroz recusa.
Prevaleceu a vontade de Zeus,
inspirador de todas as palavras,
e minha pertinácia benfazeja
triunfa para toda a eternidade.

CORO

Jamais possa a discórdia insaciável
vociferar possessa na cidade,
e o pó da terra nunca mais absorva
o sangue escuro de seus próprios filhos
por causa de paixões inspiradoras
de lutas fratricidas oriundas
da ânsia irresistível de vingança
que leva os homens à destruição!
Possam as criaturas, ao contrário,
trazer contentamento umas às outras,
unânimes no amor e no rancor!
Esta é a cura de males sem número
que afligem a existência dos mortais.

ATENA

Poder-se-á dizer que descobristes
a via dos desejos amistosos?
Vossos rostos esquálidos prometem
grandes vantagens para este povo.
Se vosso amor responde ao seu amor
e fordes veneradas para sempre,
mostrar-vos-eis unânimes ao mundo,
levando minha terra — esta cidade —
pelos caminhos retos da justiça.

CORO

Sede felizes na posse dos bens
abençoados da prosperidade!
Sede felizes, cidadãos de Atenas,
sentados perto da Virgem de Zeus,[48]
prestando-lhe as devidas homenagens
enquanto aprendeis a sabedoria
a cada dia; quem é protegido
pelas asas de Palas, terá sempre
a consideração de Zeus, seu pai.

ATENA

Sede também felizes! Marcharei

à vossa frente para vos mostrar
vossa morada, sob as santas luzes
da procissão que deverá seguir-nos;
levai convosco pias oferendas,
descei para as profundezas da terra,
retende longe de nós todo mal
e mandai-nos de lá muita ventura,
para o triunfo constante de Atenas!
E vós, senhores de minha cidade,
filhos de Crânaos,[49] mostrai a rota
a estas recém-vindas habitantes.
Que os cidadãos, para seu benefício,
tenham somente pensamentos bons!

CORO

Tornamos a dizer: sede felizes,
vós todos que morais nesta cidade,
mortais ou deuses; ela é de Palas;
pedimos-lhe que seja reverente
já que nos outorgou cidadania;
e vós em tempo algum vos queixareis
da sorte que o destino vos reserva!

ATENA

Merece aplausos vossa invocação
e vos conduzirei à luz brilhante
de tochas até vossa residência
nas entranhas da terra, em companhia
de minhas seguidoras, guardiãs
de minha imagem consagrada. Os olhos
da terra de Teseu[50] irão conosco
— cortejo glorioso de matronas,
de virgens e mulheres veneráveis.
Adornai-vos com vestidos de púrpura
e destacai o fogo destas tochas
para que a companhia generosa
das novas cidadãs nos traga sempre
a bênção de excelentes gerações.

ESCOLTA

Marchai à frente, divindades fortes,
filhas sem filhos da fecunda Noite,
sedentas de homenagens, ombreando
com um cortejo composto de amigos
até chegar à gruta subterrânea.
— Pronunciai bons votos, habitantes! —
Lá vos esperam santas oferendas
e sereis cultuadas como deusas.
— Pronunciai bons votos, habitantes! —
Propícias e leais a esta terra,
segui vosso caminho, augustas deusas;
rejubilai-vos com a luz das tochas
que, afogueadas, indicam a rota.
— Gritai agora, obedecendo aos ritos,
numa resposta ao nosso canto estrídulo! —

(Grito prolongado.)

O povo preferido por Atena
acaba de ganhar a paz aqui
para a felicidade de seus lares,
e assim vemos selar-se a união
entre as Parcas e Zeus onividente!
— Gritai agora, obedecendo aos ritos,
numa resposta ao nosso canto estrídulo!

(Grito prolongado.)

FIM

Notas às *Eumênides*

1. Têmis: filha da Terra, uma das mulheres legítimas de Zeus, deusa das leis eternas e da justiça. Atribuía-se a Têmis a invenção dos oráculos, e ela teria sido a instrutora de Apolo na arte oracular.

2. Febo: um dos epítetos de Apolo, significando "luminoso".

3. Filhos de Hefesto: os atenienses, cujo rei mítico — Erictônio — era filho de Hefesto, o deus do fogo.

4. Febo Apolo: veja-se a nota 2 acima.

5. "Ciência divina": o dom da profecia.

6. Apolo: no original está Loxias, um dos epítetos do deus significando "oblíquo", numa alusão à obscuridade dos oráculos.

7. Atena: no original está Palas Pronaia, um epíteto duplo da deusa. O epíteto mais usado de Atena é Palas.

8. Brômio: um dos epítetos do deus Diôniso, significando "fremente", "retumbante".

9. Penteu: rei de Tebas, morto por sua própria mãe, Agave, inspirada pelas Bacantes, por desprezar e combater o culto orgiástico de Diôniso.

10. Pleisto: rio situado na Focis. Poseidon é o deus das águas em geral, dos rios e dos mares.

11. Hárpias: monstros femininos alados, que roubavam diariamente os alimentos de Fineu, rei-profeta de Salmideso, na Trácia. Para as Górgonas, veja-se a nota 41a às *Coéforas*.

12. Tártaro: a parte mais profunda do inferno, onde eram confinados os piores criminosos.

13. Cidade de Palas: Atenas.

14. Hermes: veja-se a nota 2 às *Coéforas*.

15. "Outros deuses": os deuses infernais, os únicos que recebiam sacrifícios noturnos.

16. "Como um ladrão": alusão a Hermes, deus famoso por sua habilidade para roubar.

17. "Centro deste mundo": veja-se a nota 38 às *Coéforas*.

18. "O pacto muito antigo": o pacto pelo qual os deuses estabeleceram as respectivas atribuições junto aos mortais.

19. "Serpentes sibilantes de asas brancas": metáfora significando as flechas.

20. Hera: mulher legítima de Zeus, deus maior da mitologia grega.

21. Afrodite: deusa do amor na mitologia grega.

22. Hades: deus supremo do inferno na mitologia grega.

23. Líbia: na Antiguidade o Norte de África. Tríton era um rio da Líbia que desaguava no Mediterrâneo.

24. Flegra: local do campo de batalha mítico onde os deuses olímpicos derrotaram os gigantes.

25. "Deus filho de Leto": Apolo.

26. "Discórdia": no texto grego *Ares*, deus da guerra, da destruição e da discórdia.

27. Escamandro: rio na região de Troia.

28. "Aqueus": em sentido estrito, "habitantes da Acaia", e em sentido amplo os gregos em geral na época da guerra de Troia.

29. Teseu: o herói mais importante de Atenas, e rei da Ática.

30. "Mas ele não jurou...": não jurou que diria a verdade nem pediu o juramento das Fúrias de que seriam verazes.

31. Ixíon: rei dos lapitas, habitantes de parte da Tessália, famoso por sua arrogância e crueldade, que certa vez se apresentou a Zeus como seu suplicante após cometer um homicídio.

32. "Alto tribunal": o Areópago, principal tribunal de Atenas.

33. "Tirrênia": nome antigo da Etrúria, onde se fabricavam as trombetas mais famosas na Antiguidade grega.

34. "Uma das três quedas": somente após derribar três vezes o adversário um atleta era considerado vencedor na luta livre.

35. Cronos: antigo rei dos deuses, sucessor de Urano e predecessor de Zeus; este último declarou guerra a seu pai e o destronou, substituindo-o como deus supremo.

36. Zeus engoliu Métis, sua primeira mulher divina, que estava grávida de Atena, e quando sentiu chegar a hora do nascimento desta última ordenou a Hefesto, deus do fogo, que lhe fendesse a cabeça; de lá saiu Atena, já crescida e armada.

37. Egeu: rei mítico de Atenas.

38. "Colina de Ares": em grego *Areôpagos*, origem do nome do tribunal famoso.

39. Teseu: veja-se a nota 29.

40. Cítia: nome de grande parte da atual Rússia ocidental na Antiguidade.

41. "Pátria do herói Pêlops": o Peloponeso.

42. Ixíon: veja-se a nota 31.

43. Feres: fundador e rei da cidade de Feras, situada na Tessália.

44. Esta é a origem da expressão "voto de Minerva" (a deusa da mitologia romana equivalente a Atena).

44a. Veja-se a nota 36.

45. Os heróis, mesmo depois de mortos, podiam favorecer o seu povo, principalmente em feitos marciais.

46. Erecteu: antigo rei de Atenas.

47. Parcas: em grego *Môirai*, veja-se a nota 12 às *Coéforas*; eram filhas da Noite, como as Fúrias.

48. "Virgem de Zeus": Atena.

49. Crânaos: o segundo rei de Atenas.

50. Veja-se a nota 29.

Trabalhos publicados por Mário da Gama Kury

1. *Dicionário de mitologia grega e romana*, Rio de Janeiro, Jorge Zahar, 8ª ed., 2009.
2. "O grego no 2º milênio a.C.", in *Revista Filológica*, n.7, 1957.
3. Introdução à *Oração da coroa* de Demóstenes, na tradução de Adelino Capistrano, Rio de Janeiro, Edições de Ouro, 1965.
4. Introdução às *Vidas de Alexandre e César* de Plútarcos, na tradução de Hélio Veiga, Rio de Janeiro, Edições de Ouro, 1965.

Traduções do grego com introdução e notas

5. Aristófanes, *As nuvens, Só para mulheres, Um deus chamado dinheiro*, Rio de Janeiro, Jorge Zahar, 3ª ed., 2003.
6. Aristófanes, *As vespas, As aves, As rãs*, Rio de Janeiro, Jorge Zahar, 3ª ed., 2004.
7. Aristófanes, *A greve do sexo* e *A revolução das mulheres*, Rio de Janeiro, Jorge Zahar, 7ª ed., 2008.
8. Marco Aurélio, *Meditações*, Rio de Janeiro, Edições de Ouro, 1967.
9. Aristófanes, *A paz* — Menandro, *O misantropo*, Rio de Janeiro, Edições de Ouro, 1968.
10. Tucídides, *História da guerra do Peloponeso*, Brasília, Editora UnB, 3ª ed., 1988.
11. Aristóteles, *Política*, Brasília, Editora UnB, 1985.
12. Aristóteles, *Ética a Nicômacos*, Brasília, Editora UnB, 1985.
13. Políbios, *História*, Brasília, Editora UnB, 2ª ed., 1988.
14. Herôdotos, *História*, Brasília, Editora UnB, 2ª ed., 1988.
15. Diôgenes Laêrtios, *Vidas e doutrinas dos filósofos ilustres*, Brasília, Editora UnB, 1988.
16. Sófocles, *A trilogia tebana — Édipo Rei, Édipo em Colono, Antígona*, Rio de Janeiro, Jorge Zahar, 14ª ed., 2009.
17. Ésquilo, *Oréstia — Agamêmnon, Coéforas, Eumênides*, Rio de Janeiro, Jorge Zahar, 7ª ed., 2006.
18. Eurípides, *Medeia, Hipólito, As Troianas*, Rio de Janeiro, Jorge Zahar, 7ª ed., 2007.
19. Ésquilo, *Os persas* — Sófocles, *Electra* — Eurípides, *Hécuba*, Rio de Janeiro, Jorge Zahar, 6ª ed., 2008.
20. Eurípides, *Ifigênia em Áulis, As fenícias, As bacantes*, Rio de Janeiro, Jorge Zahar, 5ª ed., 2005.
21. Ésquilo, *Prometeu acorrentado* — Sófocles, *Ájax* — Eurípides, *Alceste*, Rio de Janeiro, Jorge Zahar, 6ª ed., 2009.

Outras traduções

22. Jacqueline de Romilly, *Fundamentos de literatura grega*, Rio de Janeiro, Jorge Zahar, 1984.
23. Sir Paul Harvey, *Dicionário Oxford de literatura clássica grega e latina*, Rio de Janeiro, Jorge Zahar, 1987.
24. Marcel Detienne, *A escrita de Orfeu*, Rio de Janeiro, Jorge Zahar, 1991.
25. J.V. Luce, *Curso de filosofia grega*, Rio de Janeiro, Jorge Zahar, 1994.